JN223690

KAGOSHIMA

47 都道府県ご当地文化百科

鹿児島県

丸善出版 編

丸善出版

刊行によせて

「47都道府県百科」シリーズは、2009年から刊行が開始された小百科シリーズである。さまざまな事象、名産、物産、地理の観点から、47都道府県それぞれの地域性をあぶりだし、比較しながら解説することを趣旨とし、2024年現在、既に40冊近くを数える。

本シリーズは主に中学・高校の学校図書館や、各自治体の公共図書館、大学図書館を中心に、郷土資料として愛蔵いただいているようである。本シリーズがそもそもそのように、各地域間を比較できるレファレンスとして計画された、という点からは望ましいと思われるが、長年にわたり、それぞれの都道府県ごとにまとめたものもあれば、自分の住んでいる都道府県について、自宅の本棚におきやすいのに、という要望が編集部に多く寄せられたそうである。

そこで、シリーズ開始から15年を数える2024年、その要望に応え、これまでに刊行した書籍の中から30タイトルを選び、47都道府県ごとに再構成し、手に取りやすい体裁で上梓しよう、というのが本シリーズの趣旨だそうである。

各都道府県ごとにまとめられた本シリーズの目次は、まずそれぞれの都道府県の概要（知っておきたい基礎知識）を解説したうえで、次のように構成される（カギカッコ内は元となった既刊のタイトル）。

I　歴史の文化編
　「遺跡」「国宝 / 重要文化財」「城郭」「戦国大名」「名門 / 名家」
　「博物館」「名字」
II　食の文化編
　「米 / 雑穀」「こなもの」「くだもの」「魚食」「肉食」「地鶏」「汁

物」「伝統調味料」「発酵」「和菓子 / 郷土菓子」「乾物 / 干物」
Ⅲ　営みの文化編
「伝統行事」「寺社信仰」「伝統工芸」「民話」「妖怪伝承」「高校
野球」「やきもの」
Ⅳ　風景の文化編
「地名由来」「商店街」「花風景」「公園 / 庭園」「温泉」

　土地の過去から始まって、その土地と人によって生み出される食
文化に進み、その食を生み出す人の営みに焦点を当て、さらに人の
営みの舞台となる風景へと向かっていく、という体系を目論んだ構
成になっているようである。

　この目次構成は、一つの都道府県の特色理解と、郷土への関心に
つながる展開になっていることがうかがえる。また、手に取りやす
くなった本書は、それぞれの都道府県に旅するにあたって、ガイド
ブックと共に手元にあって、気になった風景や寺社、歴史に食べ物
といったその背景を探るのにも役立つことだろう。

＊　　　　＊　　　　＊

　さて、そもそも47都道府県、とは何なのだろうか。47都道府県
の地域性の比較を行うという本シリーズを再構成し、47都道府県
ごとに紹介する以上、この「刊行によせて」でそのことを少し触れ
ておく必要があるだろう。

　日本の古くからの地域区分といえば、「五畿七道と六十余州」と
呼ばれる、京都を中心に道沿いに区分された8つの地域と、66の「国」
ならびに2島に分かつ区分が長年にわたり用いられてきた。律令制
の時代に始まる地域区分は、平安時代の国司制度はもちろんのこと、
武家政権時代の国ごとの守護制度などにおいて（一部の広すぎる国、
例えば陸奥などの例外はあるとはいえ）長らく政治的な区分でも
あった。江戸時代以降、政治的区分としては「三百諸侯」とも称さ
れる大名家の領地区分が実効的なものとなるが、それでもなお、令
制国一国を領すると見なされた大名を「国持」と称するなど、この
区分は日本列島の人々の念頭に残り続けた。

　それが大きく変化するのは、明治維新からである。まず地方区分

は旧来のものにさらに「北海道」が加わり、平安時代以来の陸奥・出羽の広大な範囲が複数の「国」に分割される。政治上では、まずは京・大阪・東京の大都市である「府」、中央政府の管理下にある「県」、各大名家に統治権を返上させたものの当面存続する「藩」に分割された区分は、大名家所領を反映して飛び地が多く、中央集権のもとで中央政府の政策を地方に反映させることを目指した当時としては、極めて使いづらいものになっていた。そこで、まずはこれら藩が少し整理のうえ「県」に移行する。これがいわゆる「廃藩置県」である。これらの統合が順次進められ、時にあまりに統合しすぎて逆に非効率だと慌てつつ、1889年、ようやく1道3府43県という、現在の47の区分が確定。さらに第2次世界大戦中の1943年に東京府が「東京都」になり、これでようやく1都1道2府43県、すなわち「47都道府県」と言える状態になったのである。これが現在からおよそ80年前のことである。また、この間に地方もまとめ直され、京都を中心とみるのではなく複数のブロックで扱うことが多くなった。本シリーズで使っている区分で言えば、北海道・東北・関東・北陸・甲信・東海・近畿・中国・四国・九州及び沖縄の10地方区分だが、これは今も分け方が複数存在している。

　だいたいどのような地域区分にも言えることではあるのだが、地域区分は人が引いたものである以上、どこかで恣意的なものにはなる。一応1500年以上はある日本史において、この47都道府県という区分が定着したのはわずか80年前のことに過ぎない。かといって完全に人工的なものかと言われれば、現代の47都道府県の区分の多くが旧六十余州の境目とも微妙に合致して今も旧国名が使われることがあるという点でも、境目に自然地理的な山や川が良く用いられているという点でも、何より我々が出身地としてうっかり「〇〇県出身」と言ってしまう点を考えても（一部例外はあるともいうが）、それもまた否である。ひとたび生み出された地域区分は、使い続けていればそれなりの実態を持つようになるし、ましてや私たちの生活からそう簡単に逃れることはできないのである。

＊　　　　＊　　　　＊

　各都道府県ごとにまとめ直す、ということは、本シリーズにおい

ては「あえて」という枕詞がつくだろう。47都道府県を横断的に見てきたこれまでの既刊シリーズをいったん分解し、各都道府県ごとにまとめることで、私たちが「郷土性」と認識しているものがどのようにして構築されたのか、どのように認識しているのかを、複数のジャンルを横断することで見えてくるものがきっとあるであろう。もちろん、47都道府県すべての巻を購入して、とある県のあるジャンルと、別の県のあるジャンルを比較し、その類似性や違いを考えていくことも悪くない。あるいは、各巻ごとに精読し、県の中での違いを考えてみることも考えられるだろう。

　ともかくも、地域性を考察するということは、地域を再発見することでもある。我々が普段当たり前だと思っている地域性や郷土というものからいったん身を引きはがし、一歩引いて観察し、また戻ってくることでもある。有名な小説風に言えば、「行きて帰りし」である。

　本シリーズがそのような地域性を再発見する旅の一助となることを願いたい。

2024年5月吉日

執筆者を代表して

森 岡　　浩

目　　次

知っておきたい基礎知識　I

基本データ（面積・人口・県庁所在地・主要都市・県の植物・県の動物・
該当する旧制国・大名・農産品の名産・水産品の名産・製造品出荷額）
／県章／ランキング1位／地勢／主要都市／主要な国宝／県の木秘話
／主な有名観光地／文化／食べ物／歴史

I　歴史の文化編　11

II　食の文化編　53

III　営みの文化編　109

【注】本書は既刊シリーズを再構成して都道府県ごとにまとめたものであるため、記述内容はそれぞれの巻が刊行された年時点での情報となります

鹿児島県

▌知っておきたい基礎知識▐

- ・面積：9188km²
- ・人口：153万人（2024年速報値）
- ・県庁所在地：鹿児島市
- ・主要都市：霧島、薩摩川内、鹿屋、奄美、姶良、出水、日置、志布志、南さつま
- ・県の植物：カイコウズ、クスノキ（木）、ミヤマキリシマ（花）
- ・県の動物：ルリカケス（鳥）
- ・該当する令制国：西海道薩摩国（西部・薩摩半島一帯）、大隅国（東部、大隅半島一帯）、日向国（志布志周辺）、対象外（奄美諸島）
- ・該当する大名：薩摩藩（島津氏）
- ・農産品の名産：茶、サトウキビ、コメ、ブタ、トリ、トウガンなど
- ・水産品の名産：アジ、クロマグロ、カツオ、キビナゴなど
- ・製造品出荷額：1兆9940億円（2020年）

●県　章

鹿児島県の県土を図案化したもの。中央には赤い円を配して火山の桜島を表す。

●ランキング1位

・金の産出量　1位というよりは商業的に運営されている国内唯一の金鉱山が、伊佐市にある菱刈鉱山であり、年間6トンほどの金を算出する。特に金の純度が高い鉱石の産出で知られている。鉱山の操業自体は1985年の開始と比較的近年だが、そもそも薩摩半島北部地域は金山が古くから多く、霧島市にあった山ヶ野金山は江戸時代の初期に発見され、農産物のものなりが悪い地域である薩摩藩の財政を長期にわたって支え続けた。

●地　勢

　九州地方の最南端に突き出した薩摩半島と大隅半島、およびその沖合に浮かぶ種子島と屋久島、さらにその南に浮かぶ火山島のトカラ列島と、奄美諸島を県域とする。

　県域を特徴づけるのは火山で、県中央北部の宮崎県との境にそびえる霧島の火山群や、毎年のように噴火している桜島、薩摩半島の突端にあり「薩摩富士」とも呼ばれる開聞岳がある。加えて、古代の破局噴火と呼ばれるような大噴火をはじめとした多数の噴火の結果、特に風下側にあたる東側の大隅半島にある笠野原をはじめとしたシラス台地（火山灰台地）が形成され、長らく作物の生産力の悪い土地として知られてきた。トカラ列島はほぼすべての島が火山島であり、悪石島や硫黄島などは現在も活発に活動している。また、火山ではないが、九州地方の最高峰である宮之浦岳も県内の屋久島にある。

　主な河川には薩摩半島の北を流れる川内川や、薩摩半島中部を流れる万ノ瀬川、大隅地域を鹿屋から東へ向かう肝属川があげられ、特に万之瀬川流域は早場米の産地として知られている。これ以外の平地には内陸部の大口盆地、また志布志周辺の平地があるが、規模は小さい。

　海岸線は大きく入り込んだ鹿児島湾があり、その中でも特に北側は姶良カルデラという火山の噴火跡に海が入り込んだことで知られている。薩摩半島の西側には国内屈指の長大な砂浜海岸である吹上浜がある。一方、諸島部は島によってさまざまで、リアス海岸が広がる奄美大島や甑島列島、切り立ったトカラ列島の島々、島自体がなだらかな徳之島や種子島などがある。

●主要都市

・**鹿児島市**　1340年ごろに現在の市街地北側に城が建てられて以来、島津氏の本拠地としての歴史を歩んだ県庁所在地。近世以降は薩摩藩の城下町、ひいては県域の中心地として繁栄している。世界でも珍しいほど、活火山に近接する都市であり、南隣の指宿市も砂蒸し温泉で名高い。

・**薩摩川内市**　薩摩地域北部を流れる川内川沿いの平地にある都市。古くから薩摩国分寺や国府がおかれるなど開けた土地であり、江戸時代にこれらの地域に当て字がされた。合併により市域には、西の海上に浮かぶ甑島列島を含んでいる。

・**鹿屋市**　大隅地域内陸部の中央部にある、大隅地域で最大の都市。江戸時代から定期市が立ち地域の中心となっていたが、現代においては航空自衛隊の基地がある都市として、また笠野原の農業の中心として知られている。西には垂水市があるが、こちらは対岸の鹿児島市とつながりが深い。

・**霧島市**　古くから大隅国の国府がおかれていた国分市を中心に、鹿児島湾（錦江湾）北側の市町村が合併して誕生した都市。鹿児島神宮や霧島神宮といった古社も多い。

・**奄美市**　奄美大島のうち、古くからの行政・経済の中心地である名瀬とその周辺の市町村が合併してできた諸島部最大の都市。奄美大島は多様な生物相で知られる。

・**日置市**　中世から薩摩半島北部の交通の要衝となっていた伊集院を中心に周辺の市町村が合併してできた都市。鹿児島市のベッドタウンともなっている。また、薩摩焼でも有名。

・**出水市**　薩摩地域の最北端、水俣湾（不知火海）に面した小都市。江戸時代には薩摩藩領と外部とをつなぐ最大の要所にあたったために、江戸時代としても異例なほどの厳格な関所や、警備の武士の多数の配置で知られていた。鶴の飛来でも有名。

・**南さつま市**　薩摩半島の南部、古くからこの地域の中心として栄えた加世田や、江戸時代中期まで国内屈指の湊町だった坊津などが合併してできた都市。

・**志布志市**　大隅半島の東岸にある宮崎県との県境にある小都市。古くは「志布志千軒」ともいわれる大阪～鹿児島航路の重要な港町であり、現代においても台湾・中国航路の貨物船や沖縄航路のフェリーが立ち寄る南九

州きっての隠れた港湾都市である。

●主要な国宝

・**霧島神宮**　古く奈良時代以前に創建されたという伝承が残る神社であり、国宝に指定されているのは1715年に時の薩摩藩主主導で再建された本殿・幣殿・拝殿の一そろいである。朱塗りの社殿に、中国や琉球（沖縄県）の影響を受けたとみられる龍を装飾した柱などが知られる。神社の信仰対象となっている霧島火山の噴火に本神社もたびたび巻き込まれた記録が残っている。

・**太刀銘国宗**　戦前に鹿児島市の照國神社に奉納された、薩摩藩主島津家に伝来した鎌倉時代の太刀。第二次世界大戦末期の混乱で海外流出したところを、アメリカ人のコレクターに発見されて良好な保存状態で国内に戻された。なお、同じく霧島市の鹿児島神宮に戦前に所蔵されていた旧国宝の刀も、2023年にオーストラリアのコレクターが落札後に気づいたことで所在が数十年ぶりに確認されている。

●県の木秘話

・**ミヤマキリシマ**　九州地方の高山地帯に見られるツツジ科の花。長崎県でも「雲仙ツツジ」の名で県の花となっている。その名の通り、鹿児島県では中央部の霧島連山周辺に大規模な群落があり、初夏に花を咲かせる。

・**カイコウズ**　「アメリカデイゴ」の異名を持つ、南アメリカ大陸原産の赤い花を咲かせるマメ科の木。ただし、伝来自体は江戸時代と推定されている。温暖な気候を好む。

●主な有名観光地

・**奄美大島の自然保護区**　亜熱帯性の気候が広がる奄美大島には、有名なアマミノクロウサギをはじめとした固有の動植物や、マングローブをはじめとした豊かな自然が広がっている。

・**各地の麓集落**　武家の人口割合が25％以上と全国に比べてもかなり多い薩摩藩では、約120か所に設けられた「麓」と呼ばれる城のような集落に武家を分散させて、周辺地域の行政などにあたらせる制度があった。このため、加世田や志布志などをはじめ県内の多くの小中心地がこの麓を元にしており、薩摩半島の知覧、北部の出水や入来には多数の武家屋敷が残っ

て重要伝統的建造物保存地区となっている。特に知覧は「薩摩の小京都」の異名もある。

・**種子島宇宙センター**　1960年代後半、当時の日本国土において最も南側（1972年の沖縄県の返還前）にあってかつ東・南にあまり影響がなく、さらに比較的低平で用地が確保しやすい種子島がロケットの発射地点として選定された。これ以降、種子島は国内最大のロケット発射施設の所在地として知られている。

・**屋久島**　種子島に対して峻険（しゅんけん）な地形で知られる屋久島は、それゆえに黒潮による湿気がもたらす雨や、島の地質特有の比較的薄目の土壌などが重なって、杉の大樹林を形成した。これが世界遺産としても有名な「屋久杉（やくすぎ）」である。

・**桜　島**　鹿児島市からわずかに海峡を隔てて浮かぶ火山であり、毎年どころかほぼ毎日のように小規模噴火が起きていることで有名である。桜島大根や桜島小みかんのような特産品を育んだ一方で、たびたび大規模な噴火を起こしている。特に1924年の大正大噴火では溶岩が大隅半島との海峡を埋めてしまい、現在の半島状の地形を形成した。

●文　化

・**火山灰**　県内全域に広がる火山灰地は、特に桜島の風下にあたる大隅半島一帯でかなりの厚みに達していてしかも水捌けがよすぎることで、近代になってダムの整備などによる用水整備が進められるまで、水の便が悪く大隅一帯を薩摩に比べて貧しい地域とする一因となっていた。現代でも県内のほぼ全域で、火山灰の回収袋はありふれたものになっている。

・**薩摩切子（さつまきりこ）**　カットグラス（ガラス製品に装飾的な切込み細工や装飾を入れたもの）の名品として知られる薩摩切子は、幕末の薩摩藩において工業製品の国産化に取り組んだいわゆる「集成館事業（しゅうせいかんじぎょう）」の中で生まれたものである。しかし、廃藩置県と西南戦争の混乱の中、その技法は途絶えていた。現代になってようやく、藩主島津家が保管していた資料や数々の専門家の協力を経て復古され、今はその技法の継承を始めるべく取り組まれている。

・**大島紬（おおしまつむぎ）**　古くから奄美大島では泥と自生する植物とを用いて染めた糸による織物がおられてきたが、江戸時代の中頃から、大島紬と呼ばれて特産品となり、以来、明治の織機導入や品質管理などにおいてブランド化が進んできた。独特の黒色は泥とテーチ木（シャリンバイ）を煮出したもので

作られている。

・薩摩隼人（さつまはやと）　鹿児島県域の男性のステレオタイプとして用いられる言葉で、特に勇猛果敢さを評して用いられることが多い。そもそも鹿児島県域は日本としてはやや遅れて朝廷支配下にはいった地域であり、この地方の先住民とされる「はやと」の武勇は当時から名高く、そのイメージはさらに島津氏の九州統一戦や、関ヶ原の戦いでの撤退戦（せきがはら）（敵陣中央を多数の犠牲者を出しつつ突破した）などで補強されるに至った。

●食べ物

・豚肉食　江戸時代の肉食忌避（にくしょくきひ）の例外地域として薩摩は特に知られている。初期の薩摩藩主である島津家久（しまづいえひさ）がブランド豚の「黒豚」のもととなる豚を琉球から移入したという伝説もあり、また紀行文にも豚の飼育が記録されている（牛は農業用などのためあまり食べなかったようである）。郷土料理としては骨付き豚肉を芋焼酎や味噌などで煮た「豚足」などがある。

・芋焼酎（いもじょうちゅう）　サツマイモの移入の由来として有力視されているのは、1705年に薩摩半島の港町である山川の住民が琉球から移入したというものである。このためもあって、県域では古くはサツマイモを「唐芋」（からいも）と呼んだ。また、蒸留酒である焼酎の製法も、江戸時代までに東南アジア貿易を経由して九州地方に入っていたと推定されている。この二つが江戸時代の末期、名藩主として知られる島津斉彬（しまづなりあきら）の治世に、工業製品の開発のために必要となった大量のアルコールを確保するため、サツマイモで焼酎を作らせるという形で結合し、その後製法の改良を経て名物としての発展につながった。

・鶏飯と黒糖（けいはん）　いずれも奄美地域の名物として知られている。奄美地域は特に薩摩藩の財政難が顕在化する江戸時代以降、商品作物としてのサトウキビ栽培と黒糖の生産、その藩への専売を強いられ、飢饉（ききん）で多数の死者も出したことが知られているが、黒糖焼酎などの特産品も生んでいる。また、鶏肉やパパイアなどを千切りにしてごはんの上にのせて出汁（だし）をかける鶏飯も、薩摩藩の役人へのもてなし料理がルーツである、という伝説がある。ただし、現在のような名物へと発展したのは、近代以降のようである。

・さつま揚げ　魚のすり身の揚げ物は、もともとは琉球経由で中国から入ってきたものと推定され、海産物が多い鹿児島県に定着した。海産物という点では、枕崎（まくらざき）で獲れるカツオも有名である。

●歴　史

●古　代

　温暖な九州地方南部のこの地域には、早くから定住者がいたらしく、縄文時代早期の遺跡が全国に比べても多数残っている。この地域は同時に火山の噴火も多く、その被害のために比較的遺跡が少ない時代もあるが、縄文時代早期の重要遺跡として知られる上野原遺跡より新しい土層から弥生時代の遺跡も見つかるなど、人の居住も長く、水稲耕作も早くからあった。ただし、県域の火山灰土壌もあって稲作は当初広くは普及せず、これは後代まで県域の特徴となる。

　鹿児島県域をはじめとして九州地方南部には古墳時代にかけて、多数の部族が並立していたようで、彼らを近畿地方の朝廷側の記録によって「隼人」という。豪族はそれぞれ朝廷に従ったりしつつ独自に勢力をもち、この時代の古墳にも、前方後円墳以外に加えて、板石積石室墓のように副葬品などに珍しく近畿などとの影響を感じさせない墓がある。少なくとも8世紀には、朝廷に仕える隼人を管轄する隼人司という役職があるなど、東北地方のエミシと同様に辺境の民として認識されており、またたびたび蜂起もあった。このため、令制国の設置も比較的遅く、薩摩国が8世紀の初頭のころに日向国（宮崎県）から、同時期に大隅国が分立したと記録から推定されている。

　また、種子島・屋久島は南方の文化の影響と九州本島側の影響をそれぞれ受け、種子島の広田遺跡では、全国でも珍しい貝の装飾品を主体とした副葬品が発掘されている。それより南の奄美大島も、南海の特産品が日本列島に入るルート上にあったとみられているが、あまり記録がない。種子島と屋久島には8世紀には別に多禰国がおかれていたが、8世紀初頭に大隅国へと統合された。とはいえ、南海地域・大隅諸島の一帯に独立した勢力が成立することはそのあともたびたび見られた。

●中　世

　そもそも田畑が少ない薩摩でも、平安時代には多数の荘園が開かれる。「入来院」や「伊集院」といった「院」がつく地名の多くはこの荘園に由来する。やがて平安時代の後期、日向国諸県郡（宮崎県 都城市）を中心

として開かれた荘園は大隅・薩摩の一円の多数の田畑を吸収して拡大する。これが島津荘である。鎌倉時代の初頭、この荘園の地頭として、また薩摩国など3か国の地頭職を得たのが惟宗忠久であり、彼が中世から近世を通じて現在の鹿児島県域を支配することになる島津氏の祖となる。とはいえ、県域には各荘園の実力者に始まる、大隅の禰寝氏、種子島の種子島氏をはじめとした多くの土着の豪族がおり、これらと島津氏は長く対立や協力を繰り返すことになる。

　南海地域では、ちょうどこの辺りが「鬼界ヶ島」ともよばれ長く日本の最南端とみなされたように、それ以南の地域には日本列島側の政権の支配は及ばなくなっていた。ただし、交易路の方は依然として継続し重要なものがあったことが、平安時代末期の建設である中尊寺金色堂（岩手県）に奄美以南でしか取れないヤコウガイの螺鈿細工があること、中世日本の大きな輸出品の一つである硫黄の主要産地が薩摩の硫黄島とその南の琉球の硫黄鳥島と推定されることから明らかになっている。奄美諸島では日本列島でいう鎌倉時代から室町時代にかけて多数の豪族が並立するが、日本の室町時代にあたる15世紀の中ほどに、沖縄諸島を統一して勢力を拡大していた琉球王国が進出し、支配下におくことになる。

　この間、薩摩と大隅では南北朝の争いに乗じた各豪族間の争い、また島津氏一族内での内紛が続いていた。ようやくこの争いに一定の落ち着きが出るのは16世紀の中ほどに、島津家中興の祖とされる島津日新斎（忠良）と貴久の親子が薩摩国を平定してからである。

　南海に面しているが故の、日本列島への南からの出入り口という性格は、この間も中世を通じて、薩摩国坊津が三津七湊（中世の主要港）の一角とされ南海・琉球・中国交易でにぎわっていたことや、大隅国志布志がこの地域の産物の積出港兼中国貿易の寄港地として知られていたことなどに代表されるように継続している。特にその性格が出た事件として代表的なものが、1542年の種子島への鉄砲伝来と、1549年に南海航路経由でインド・中国からキリスト教宣教師のフランシスコ・ザビエルが坊津に来航したことである。

●近　世

　島津貴久の息子たちである義久をはじめとした4兄弟は現在でも多くの逸話で知られ、前代の基盤を背景に九州地方をほぼ統一する。しかし、ほ

ぼ同時期に豊臣秀吉も日本全域の大名を従えようとしており、これに伴う九州攻めの結果、島津氏は降伏し、領土は薩摩・大隅・日向南部の一部に改めて確定した。これが続く江戸時代まで薩摩藩の領土となる。その後、関ヶ原の戦いでの一波乱を経て、西軍についたにもかかわらず島津氏の領土は徳川氏によって安堵。また、この時代に現在地に鹿児島城（鶴丸城）が建てられ、近世島津家の基礎は固まった。

　この過程で南海では重大な事態が起こる。領土安堵とはいえ土地の生産力に欠け財政難傾向にある薩摩藩、朝鮮侵攻の余波で国交が悪化した明（中国）への取次を琉球に依頼しようとする江戸幕府、南蛮貿易の下火で中国貿易が生命線となり明との関係を悪化させたくない琉球王国という三者の事情が交差した結果、1609年に薩摩藩は幕府の許可を得て琉球王国に侵攻し、琉球王国を事実上の属国にし、かつ奄美諸島を併合したのであった。以降、薩摩藩は琉球貿易を通じて入手した商品を日本に流通させることになる。また、奄美大島では砂糖生産と藩による専売が行われた。

　薩摩藩領は後に二重鎖国とさえよばれるほど、領内への人の出入りを厳しく制限し、また領内各地に「麓」と呼ばれる武家の集住集落と地域行政の中心を設けた。この結果として薩摩藩は江戸時代を通じて他の地域と比べてもかなりの武力を維持した一方、農民の方は稲の収穫高のうち年貢の割合が後期には80％に達したと推定されるほどの税、賦役の負担に苦しんだ。1700年ごろには琉球経由でサツマイモが薩摩半島に入り全域に栽培が広まったことや、また県域特有の肉食文化や琉球経由で栽培が進んだ野菜などによって決定的な飢餓は避けられたものの、人口増に伴う薩摩から大隅への藩による移住政策など、藩内の貧困は多く伝えられている。

　この様々な要因はついに藩の財政難を深刻化させ、ようやく19世紀の前半、時の藩主の肝いりで琉球貿易の強化や砂糖専売のさらなる強制（奄美地域はこれによって「ソテツ地獄」と呼ばれる飢餓が広まることになる）、借金の整理などの財政改革で大きく改善されることになる。

●近　代

　大藩としての薩摩藩は、幕末にかけて将軍継嗣問題（13代将軍家定の跡継ぎをめぐる対立）に介入して幕府政治に影響力を及ぼそうとすると同時に、集成館事業に代表される富国強兵策を推し進めた。幕末の西国諸藩と同様に、この藩でも攘夷（外国人の武力排斥）と開国とがせめぎあった。

薩摩藩の場合、1862年に藩主の行列を遮ったイギリス人を殺傷した事件（生麦事件）をきっかけに発生した薩英戦争によって鹿児島城下町にかなりの被害を受けて西洋諸国の軍事力を評価しなおし、一方でイギリス側も薩摩藩の予想外の善戦を評価したことをきっかけに、急速に倒幕・開国に多くの藩内武士が方針を転換した。かくして長州藩などとの協力による1867年の大政奉還と、続く戊辰戦争の結果としての藩出身者多数の新政府内での地位確保に成功する。廃藩置県においては、まず薩摩藩をそのまま引きつぎ鹿児島県が設置されるが、その後大隅国と都城を分離して都城県が設置。1873年の旧大隅国の鹿児島県への再統合と、1876年の宮崎県併合を経て、1883年の宮崎県再設置によって現在の県域が確定した。

　しかし、辺境地帯としての江戸時代以来の全県的な貧困と、そもそも多数の武家を抱えていた薩摩藩の在り方は、廃藩置県などによる武士層解体で大きな打撃を余儀なくされ、1877年、彼ら「不平士族」の最大の反乱にしてかつ現在まで日本国内で起こった最後の内戦とされる西南戦争の勃発とそこでの敗北につながった。この西南戦争の余波は県政の混乱として長く続き、ようやくこの状況を改善させ、かつ長年の課題であった県の農業生産の大幅な改善（米の質の改善、火山灰地帯の開発やそこに合う作物としてのミカンや茶、養蚕などの推進）や産業振興に私財を投じてまで尽力した加納久宜知事は現在まで知られている。

　これ以降の鹿児島県は九州南部の農業県としての道を歩む。南海への入り口という中近世以来の性格は海運・航空の発達でその役目を減じたものの、奄美諸島のサンゴ礁や森、屋久島の屋久杉の森、霧島の山々や桜島といった豊かな自然、黒豚や焼酎、また近年では復活しつつある知覧の茶や枕崎のカツオなどの農産品や水産品、加えて薩摩焼や切子、大島紬などの工芸品も、観光地として多くの人をひきつけている。また、長年この県の悩みであった交通アクセスの悪さも、九州新幹線の全通によって大きく改善し、多くの人々が訪れるようになり始めている。

【参考文献】
・原口泉ほか『鹿児島県の歴史』山川出版社、2011

I

歴史の文化編

遺　跡

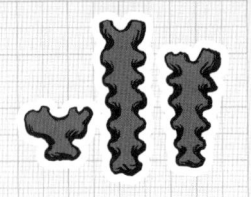

上野原遺跡（異形石器）

地域の特色　鹿児島県は、九州本島の西南端に位置する薩摩半島、および東南隅の大隅半島を中心として、半島西南海上に連続する種子島、屋久島、薩南諸島、奄美諸島を含む範囲を県域とする。北は熊本県、東は宮崎県と境を接する。熊本県との境は出水山地に位置し、その南には川内川が流れる。日向国に発し、西流して東シナ海に注ぎ、下流に川内平野を形成する。また、薩摩半島南端の開聞岳は薩摩富士とも称され、北麓の開聞神（枚聞神社）は式内社として、薩摩・大隅両国で最も高い神階を与えられていた。東側には霧島火山群、大隅半島中央部に高隈山脈、南端には国見山・甫与志岳などが連なる肝属山地があり、佐多岬に及ぶ。大きな平野は見られない。

　県域は、カルデラの噴火による広域火山灰が堆積し、火山活動と人間活動の葛藤の歴史が遺跡として残されている。遺跡の多くは河川流域のシラス台地上や縁辺部に認められるほか、海岸沿いにも見られる。また薩南諸島の先史時代については奄美大島、屋久島などに遺跡が確認されており、独自の文化的要素が認められる。

　薩摩国は日向国より分出したもので、薩摩の号は『日本書紀』653（白雉4）年7月条に「薩麻之曲竹島之間」とあるのが初見で、709（和銅2）年6月の勅には「薩摩・多禰両国司」と見える。薩摩は隼人居住の国であり、阿多隼人、薩摩隼人、甑隼人などがある。大隅国は襲国にあたり、大隅直や曾君、加士伎県主、肝衝などの豪族が割拠した。薩摩国では平安時代より薩摩（阿多）平氏一族が領したが、鎌倉時代には島津荘下司（地頭）に島津氏が補任され、中世を通じて領国支配を強化した。大隅国は菱刈、蒲生、吉田、税所、加治木、肝付、禰寝氏などの豪族が割拠するも、島津氏の支配するところとなる。豊臣秀吉の九州平定では、出水郡などの一部を除き島津氏に薩摩国の領有を認めた。関ヶ原の戦では、島津義弘が西軍に参加するも、巧みな外交で領国を保持し、幕末に至る。

　凡例　史：国特別史跡・国史跡に指定されている遺跡

1871年、廃藩置県により薩摩国はすべて鹿児島県となり、大隅国もすべて鹿児島県に属したが、同年11月、都城県の新設により同県に編入される。1873年都城県廃止により、旧大隅国が復し、現在の県域が確定した。

主な遺跡

上場遺跡（うわば）

＊出水市：通称上場高原安山岩台地上の丘陵先端部、標高450mに位置　**時代** 旧石器時代～縄文時代前期

　1965年に発見され、翌年から継続的な調査が行われた。6層の層位が確認され、第1層は縄文時代前期の土器（塞ノ神式）と石鏃、第2層からは、上部で押型文土器（おしがたもん）と石鏃、下部からは爪形文土器（つめがたもん）と細石刃、細石刃核（さいせきじん）、切断剥片（せつだんはくへん）、第3層の上部も爪形文土器と細石刃、細石刃核、下部で細石刃、細石刃核、切断剥片が認められ、土器と細石刃の共伴関係が認められた。第4層は、台形石器、切断剥片、ナイフ型石器、掻器（そうき）、削器（ちょうき）、彫器、そして第5層はシラス層と呼ばれる入戸火砕流に相当し、遺物は認められなかった。第6層は上部で、ナイフ型石器、台形石器、切断剥片、掻器、削器、チョッピング彫器（そせいせんとうせっき）、粗製尖頭石器、下部からは切断剥片、チョッパー、チョッピングツール、楕円形石器（だえんけい）などが出土した。特に、第4層から直径3.7mと7mの楕円形を呈する竪穴住居跡（たてあなじゅうきょあと）が国内で初めて2基検出されたことは内外の関心を集めた。

　旧石器時代の石器が層位的に把握されるとともに、更新世末期（約2万6000年前）に、シラス（南九州に広く分布する軽石質の火山灰砂）を噴出させた姶良カルデラ（あいら）の噴火による火砕流の層位前後で生活の断絶がなく、文化的な継続性が認められたことは、災害を乗り越えて住み続ける旧石器時代の人々の生活を理解するうえで、貴重な成果を得た遺跡といえる。

高橋貝塚（たかはし）

＊南さつま市：万之瀬川支流、堀川右岸のシラス台地上、標高11mに位置　**時代** 縄文時代晩期～弥生時代前期

　1949年、多布施小学校の寺師宗俊（てらしむねとし）教頭により発見され、1962年、63年に発掘調査が実施された。貝塚の主体は現在の海岸より2.5km内陸に位置し、東西10m、南北7m、厚さ76～117cmの堆積を示す。現在は玉手神社境内にあたり、一部に削平が認められる。貝類の主体はナガガキ、オキシジミ、ハマグリなどで、また、イノシシの牙でつくられた釣針やサメ歯でつくられた鏃（やじり）など、漁労、狩猟に伴う骨角製品も認められており、そうした生業活動を反映した、マダイ、スズキ、エイ、サバ、サメなどの魚類、イノシシ、シカなどの哺乳類といった自然遺物も多数検出されてい

る。

　遺物包含層は5層あり、第2層に弥生時代前期後半の土器（高橋2式）が認められ、第3～5層には弥生時代前期前半の土器（高橋1式）と縄文時代晩期の土器（夜臼式）が検出された。いわゆる縄文・弥生時代移行期の遺跡として貴重であり、籾痕土器も認められている。石器組成を見ても、縄文時代以来の打製石斧や局部磨製石斧、石鏃、石槍などが認められる一方、大陸系とされる磨製石鏃や磨製石剣、偏平片刃石斧、石庖丁、太形蛤刃石斧などが検出されており、南九州地域への初期稲作文化の伝播の様相を知るうえで貴重である。また鉄製品と推定される遺物も認められているほか、南海産巻貝（ゴホウラ・オオツタノハなど）を加工した貝輪の製作をうかがわせる未製品もあり、他地域との幅広い交流がうかがわれる。

宇宿遺跡

＊奄美市笠利町：笠利半島東岸、海岸砂丘の内縁の台地面、標高13mに位置　**時代** 縄文時代　**史**

　1933年に発見され、1955年に日本考古学協会によって、1978年には笠利町教育委員会によって発掘調査が行われた。縄文時代から歴史時代に該当する奄美地方特有の土器（宇宿上層式・宇宿下層式［面縄東洞式・嘉徳I式、II式・面縄西洞式］）が検出されたほか、特に宇宿下層式に伴い、九州本土の縄文時代後期の土器（市来式・一湊式）が認められたことは特筆される。そうした本土の土器の要素と奄美特有の押引文を施した折衷土器も認められることから、当時の人々の交流を示す事例として興味深い。なお宇宿上層式は弥生時代の土器と共伴している。

　その他の遺物では、上層から須恵器、青磁、滑石製品が出土したほか、磨製石斧・打製石斧・磨石・叩石・石皿・砥石・ノミ形石斧・石棒といった石製品、貝輪、貝製垂飾などの貝製品、骨銛、牙製垂飾、骨製簪といった骨角製品も検出されている。自然遺物ではイノシシなどの哺乳類、タイ、フエフキダイ、スズキ、ブダイ、ハリセンボンなどの魚骨、アマオブネ、オハグロガキ、イソハマグリなどの貝類が確認されている。

　遺構としては、周囲を礫で囲んだ石組の方形住居跡2基と敷石住居跡1基が認められ、前者は宇宿上層式、後者は面縄東洞式の住居と推定されている。また埋葬遺構も認められ、縦157cm、横60cm、深さ37cmの袋状土坑に母子の遺体を合葬したものであった。母親は南西向きに仰臥伸展葬がなされ、子どもは母親の股間付近に、4個の礫で覆われるかたちで埋葬されていた。母親の身長は144cm、年齢20代前半で、子どもは新生児

と推定されている。母親の頸付近にガラス製丸玉2、ガラス製小玉40、骨製管玉4が検出された。南西諸島の先史時代を理解するうえで重要な遺跡であり、国史跡に指定されている。

上野原遺跡

＊霧島市：錦江湾奥、検校川右岸の台地、標高約260ｍに位置 **時代** 縄文時代早期 **史**

1986年、内陸工業団地（国分上野原テクノパーク）の建設に伴って発見され、県教育委員会によって継続的な調査が1996年まで実施された。造成地の4つの工区ごとに、遺跡の主たる様相が異なる。

調査地北西側の1工区からは弥生時代中期末と推定される竪穴住居跡や掘立柱建物跡など、弥生時代の集落跡が検出された。ちなみに、竪穴住居跡の形態では「花弁形住居」と呼ばれる南九州独特のタイプが認められた。そして、3工区からは縄文時代から歴史時代までの遺跡が発見されているが、特に縄文時代早期後半の土器（平栫式）が主体を占め、この時期の土器群としては県内でも質・量ともに豊富である。

南東側の3工区からは石蒸炉とされる集石炉が200基以上も発見され、加えて対で土坑に埋納された縄文時代早期後葉（約7500年前）の壺形土器も出土した。ほかにも土製耳飾や石製耳飾、土偶や用途不明の土製品、環状石斧、異形石器など、祭祀的な要素が想定される遺物も多数出土している。特に土製耳飾は、日本列島本土では後期から晩期の代表的な遺物とされてきたが、本遺跡では約4000年近く早いことになり、注目が集まった。また縄文時代後期の遺構として、深さ2ｍにも達する狩猟用の落し穴が90基ほど並んで検出されている。この3工区から出土した縄文時代早期後半の一括遺物は、1998年に国重要文化財に指定された。

北東側の4工区からは下層から、早期前葉の土器（前平式）を伴う竪穴住居跡52軒、石蒸炉と考えられる集石遺構39基、土坑多数、道跡2本など各種の遺構が認められ、いずれも約1万1500年前の桜島起源の薩摩火山灰層（P14）の上層に構築されていた。竪穴住居跡52軒のうち10軒の竪穴住居内は、約9500年前の桜島の火山灰（P13）で埋まっており、この降灰とほぼ同時期に10軒の竪穴住居が存在していたことが判明した。1集落における住居数の単位を知るうえで貴重な発見とされる。上層からは、縄文時代晩期の竪穴住居跡や炭化した木の実の貯蔵穴、弥生時代の竪穴住居跡群や畑畦、柵列、円形周溝などが検出されている。

このように本遺跡では、縄文時代早期前半の多数の遺構が発見されており、上野原台地がきわめて早い時期から生活の一大拠点となっていたこと

を示唆している。加えて、弥生時代から古墳時代の竪穴住居跡や掘立柱建物跡も多数検出されており、縄文時代のみならず、弥生時代から古墳時代に至るまで継続して生活が営まれていたことが明らかになった。遺跡の一部は、1999年に国史跡に指定され、「上野原縄文の森」と呼ばれる県営公園として整備が進められている。

王子遺跡（おうじ）
＊鹿屋市：笠野原台地北西縁辺部、標高72mに位置
時代 弥生時代中期末～後期初頭

1979年に発見され、県バイパス道の建設に伴い1981～84年に発掘調査が行われた。竪穴住居跡27軒、掘立柱建物跡14軒など集落に伴う遺構が検出された。竪穴住居跡の平面形態には、方形、隅丸方形、円形などが認められた。特に方形や隅丸方形を呈する住居跡の主柱穴は2本が基本となっているほか、南側の壁際に土坑を有し、ベッド状の張出し遺構が認められるものなど特色がある。円形の住居跡にも、ベッド状遺構が全周するものや、障壁の間にベッド状遺構を有するものなどがある。掘立柱建物跡は1×1間のものが多く、4×4間と想定されるものが最大である。うち6棟には棟持柱の柱穴が認められ、権威性の高い建物である可能性も指摘されている。

遺物としては、在地系の土器（山ノ口式）の甕・壺・鉢が中心である。ほかに北部九州（須玖式）や東九州（下城式）、瀬戸内系の土器に影響を受けたものが認められる。石器では磨製石鏃・砥石などが出土し、9号住居跡では磨製石鏃の未製品が多数認められ、工房跡と推測されている。鉄製品や鉄滓、土製勾玉などの土製品も出土している。本遺跡は南九州の弥生時代の集落構造を考えるうえで貴重であり、北部・東部九州や瀬戸内地方との土器の関係を理解するうえで重要といえる。遺跡は保存運動も実施されたが、一部遺構の移設が行われたものの、遺跡主体部は工事により消滅した。

広田遺跡（ひろた）
＊熊毛郡南種子町：広田川河口の右岸、海岸砂丘上の標高約6mに位置　**時代** 弥生時代後期後半～古墳時代併行期　史

1955年、台風により砂丘の一部が崩壊し、住民らにより人骨や貝製品が発見されたことをうけ、1957年には盛園尚孝、国分直一が中心となって、翌58年、59年にも金関丈夫や森貞次郎、三島格といった考古学者により調査が行われ、国内でも稀有な墓地遺跡であることが明らかとなった。合葬を含む埋葬遺構90基、157体分と推定される人骨と、副葬された4万点を超す貝製品が検出された。上層の人骨は自然礫や珊瑚塊によって構築さ

れた石組のなかに頭骨や四肢骨などを寄せ集めたり、散骨した状態で発見されている。最下層人骨は極端な屈葬が行われ、周辺に珊瑚塊を配置したものが多い。

　これら下層の埋葬人骨に副葬された膨大な貝製品のなかには、日本最古の文字とも評価される「山」の字を彫刻した貝符があるほか、竜佩形貝製垂飾、饕餮文の透かし彫のある貝符・竜佩・貝小珠などが出土した。また、彫文の施された貝釧や貝輪、ガラス小玉も多数認められている。遺物の特徴として、古代中国の青銅器に見られる文様との類似が指摘されており、大陸からの移住者が埋葬された可能性も推測されている。

　近年も継続して発掘調査が実施されており、墓域がさらに広がる可能性が指摘されている。2006年に鹿児島県黎明館および国立歴史民俗博物館が所有する貝製品や土器、ガラス小玉、石器が国重要文化財に指定されたほか（町所有遺物は2009年追加指定）、2008年には遺跡が国史跡に指定された。

唐仁古墳群
　＊肝属郡東串良町：肝属川河口付近の左岸の微高地、標高約4mに位置　**時代** 古墳時代　**史**

　前方後円墳と円墳合わせて百数十基からなる鹿児島県最大の古墳群であり、本州南端の畿内型古墳群である。1990年に大塚古墳と役所塚古墳の墳丘測量調査が行われたが、本格的な発掘調査は行われていない。

　主体となる大塚古墳は墳丘長140m、後円部径65m、高さ10.5m、前方部の高さ4mで、周濠を入れた全長は約185mと推測されている。後円部には大塚神社が存在しており、削平を受けているものと考えられている。神社拝殿の渡り廊下の直下に竪穴式石室の蓋石5個が露出している。石室内には縄掛突起が両端に付けられた凝灰岩製の舟形石棺があり、棺外北側に横矧板鋲留短甲が副葬されていた。竪穴式石室と直交して花崗岩の板石5枚でつくられた小型の組合せ式の箱式石棺があり、石枕が検出されている。これらの石室・石棺については、1932年に調査が行われた。

　その他の前方後円墳としては、100号墳（役所塚）が全長57m、後円部径34m、後円部高さ3.8m、前方部高さ2.8mを測り、前方後円墳は計6基存在する。円墳は最大規模の33号墳が径40m、高さ5.2mを測る。14号墳（後迫塚）からは水晶切子玉・緑色の管玉・ガラス製小玉などが出土したと伝えられている。この地域では墳丘墳と同じ墓域に地下式横穴墓が構築される事例が見られるが、砂丘に立地することもあり、地下式横穴墓は見られない。年代はおおむね5世紀後半と推定される。1934年に「史蹟

名勝天然記念物」として、当時132基の古墳が国史跡に指定された。

大隅国分寺跡
<small>おおすみこくぶんじあと</small>

＊国分市：国分平野、舞鶴城跡西方に隣接する微高地、標高約10mに位置 **時代** 奈良時代 **史**

古くより想定される寺域からは古瓦の出土が認められていたが、1981年に確認調査が行われ、雨落溝の一部や掘立柱建物跡4カ所および創建時の瓦が多量に発見された。軒丸瓦には単弁と複弁などの3種類の蓮華文があり、軒平瓦は3種類の偏向唐草文がある。このうち軒平瓦は日向国分寺のものと類似するものである。寺域は古瓦の分布範囲によって推定されるほか、1987年に行われた層塔北西に位置する鍛冶屋馬場遺跡の発掘調査によって、大溝跡の一部や多量の創建時の古瓦が発見され、寺域の西境界が確認された。

方2町が推定される寺域の中心部にあたると思われる現在の国分市公民館分室の前には1142（康治元）年銘の六重石造層塔が建つ。『弘仁式』主税寮の日向国の正税・公廨（役所の用度物）などを記した箇所に「国分寺料三万束」とあり、『弘仁式』が成立した820（弘仁11）年頃までには建立されていたと考えられている。1921年に国史跡に指定されている。

薩摩国分寺跡
<small>さつまこくぶんじあと</small>

＊川内市：川内川右岸、洪積台地上、標高約13mに位置 **時代** 奈良時代 **史**

1968〜70年に県教育委員会によって、1978〜83年に市教育委員会によって発掘調査が行われ、寺域内の主要建物の配置などが明らかになってきている。寺域は並行する2列の溝に挟まれた築地塀で囲まれ、南北約120〜132m、東西約121mと推定されている。創建時の伽藍配置は川原寺式といわれ、中軸線上に南大門・中門・中金堂・講堂などが並び、塔と西金堂が向かい合う。2次にわたる建物が確認されているが、南大門跡と中門跡は削平されて確認できない。

寺跡からは多量の瓦が出土しており、軒丸瓦は8種、軒平瓦は9種、鬼瓦は4種認められている。1期の軒丸瓦は複弁蓮華文、軒平瓦は唐草文を主文様とするもので、鬼瓦は大宰府都府楼系とされる。2期の軒丸瓦は蓮華文が退化し、軒平瓦は鋸歯文・格子文を主文様とするもので、これら2期の瓦は、それぞれ創建期と再建期のものであり、その境は10世紀中頃と想定されている。また多量の土師器のほかに須恵器や奈良三彩、緑釉陶器、青磁、白磁、硯（転用硯・猿面硯）なども出土している。土師器のなかには「大寺」、「坊」など墨書土器も含まれており、金属製品には風鐸の「舌」など全国的にも出土例の少ないものもある。また土製品には

錫杖の鋳型や鞴口などが認められており、寺域内における工房の存在をうかがわせる。創建年代は不明であるが、『続日本紀』756（天平勝宝8）年に26カ国の国分寺に灌頂幡などが頒下された記事があるが、そのなかに薩摩国は含まれていないことから、薩摩国の国分寺の成立はこれ以降のことと考えられている。1944年に塔跡、1976年に主要建物群が国史跡に指定され、現在は史跡公園として復元整備されている。

知覧飛行場跡

＊南九州市：麓川と永里川の間に広がるシラス台地上、標高約150mに位置　**時代**　昭和前期

　県道改築工事に伴い、2014年に市教育委員会、2015年に県埋蔵文化財センターが発掘調査を実施した。知覧飛行場跡は、1941年に大刀洗陸軍飛行学校知覧分教所として開所し、教育隊が置かれた。太平洋戦争の戦況悪化に伴い、滑走帯の拡張や掩体壕（航空機の格納庫）、誘導路などの建設が進められた。陸軍実戦部隊が配置されており、1945年4月から6月まではいわゆる「神風特別攻撃隊」の「特攻機」が飛び立った地でもある。発掘調査の結果、遺構としてはコンクリート製溜枡、副滑走路側溝、土側溝、誘導路の溝跡などが検出された。また、遺物には陸軍関係の統制食器、金属製品、ジュラルミン片などが出土した。いわゆる戦争関連遺跡に対する考古学的調査を本格的に行った事例の1つとして貴重である。

国宝 / 重要文化財

旧集成館機械工場

地域の特性

　九州地方の南端部に位置し、西方の甑島列島と南方の薩南諸島を含む。中央の鹿児島（錦江）湾を、東西両側から取り囲むようにして、薩摩半島と大隅半島が南側にのびている。山地が多く、北から順に国見山地、出水山地、薩摩半島の南薩山地、大隅半島の高隈山地、肝属山地などがある。霧島山、湾の中央の桜島、南の湾口の開聞岳と火山が並ぶ。県央部の鹿児島は、14世紀以来島津氏の拠点・城下町として発展した。国分・隼人地区では、ハイテク産業が進んでいる。県西部の薩摩半島では、川内川流域の大口盆地や川内平野が稲作地帯となって、古くから開発が進んだ。県東部の大隅半島では、広大なシラス台地が広がり、水田化が困難で開発が遅れた。島嶼部ではサトウキビ栽培が盛んで、亜熱帯気候の独特な自然景観は多くの観光客を魅了している。

　古代大和王権に反抗的な熊襲・隼人と呼ばれる人たちが住んでいたが、8世紀前半までに服属させられた。律令制の衰退によって荘園が増加し、なかでも島津荘の規模は大きくなり、1185年に島津氏初代島津忠久が島津荘下司職（荘田・荘民の現地管理人）となった。以来島津氏は次第に勢力を強めていった。戦国時代に島津16代義久と17代義弘は九州制覇をねらったが、豊臣秀吉に阻まれた。義弘は、豊臣秀吉の朝鮮侵略の際に朝鮮半島から陶工を連れ帰り、薩摩焼の創業に尽力した。江戸時代に島津氏の薩摩藩77万石が置かれた。明治維新の廃藩置県で鹿児島県が設置された後、1876年に宮崎県が合併された。1879年に琉球が沖縄県として分離され、さらに1883年には宮崎県も再設置されて、現在の鹿児島県ができた。第2次大戦後に薩南諸島の大部分が沖縄のアメリカ軍軍政下に置かれたが、1951年に十島村の下七島、1953年に奄美群島が返還された。

　凡例　●：国宝、◎：重要文化財

国宝／重要文化財の特色

　美術工芸品の国宝は1件、重要文化財は26件である。建造物の国宝はなく、重要文化財は11件である。仏教に関連した文化財は、重要文化財の仏画が1件あるだけで極端に少ない。平田篤胤の国学の影響が強かった薩摩藩では、明治維新の廃仏毀釈で領内寺院の廃寺が命じられて、1,000か所以上あった寺院がすべて破壊された。仏像・仏具などもことごとく焼却され、残った文化財は仏教色の乏しい内容となった。

◎上野原遺跡出土品

　霧島市の上野原縄文の森で収蔵・展示。縄文時代早期の考古資料。上野原遺跡は、霧島市東部の鹿児島湾沿岸から約1.2km離れた標高約250mの台地上にある。県工業団地の建設に伴い1986年から発掘調査が始まった。北側4工区で52軒の住居跡、39基の調理施設の集石遺構、16基の連穴土坑が見つかり、約9500年前（縄文時代早期前半）の定住化初期の集落として史跡となった。重要文化財となったのは、1991〜94年に調査された3工区から出土した約7500年前（縄文時代早期後半）の遺物で、深鉢形土器、壺形土器、土製耳飾りや土偶などの土器・土製品類と、石鏃、磨製石斧、打製石斧、石製垂飾（ペンダント）、使用方法不明の異形石器、石核などの石器類からなり、767点ある。祭りや儀式に使用され埋められたと考えられる一対の特殊な壺形土器2個が、台地の最高所から出土し、周辺には斜めに埋められた壺形・鉢形土器が10個出土した。また石斧をまとめて埋めた遺構も6か所見つかった。これらの遺構を取り囲むようにして、土偶を含む土器片や土製耳飾り、石器が環状に出土して、付近一帯は長期にわたって神聖な場所だったと推測されている。多様な縄文文化の始まりを示す南部九州の重要な資料である。

◎八相涅槃図

　南さつま市の竜厳寺の所蔵。レプリカを輝津館で展示。鎌倉時代後期の絵画。釈迦が入滅（死亡）する涅槃図を中心に、生涯で起きた重要事跡の八相を描いた縦250cm、横256cmの大きな画幅である。中央の涅槃の情景では、沙羅双樹の下、横臥した釈迦のまわりを嘆き悲しむ弟子や動物が取り囲み、上方には忉利天から飛来する麻耶夫人が描かれている。そのほかに、釈迦の昇天、不動の金棺、城を旋回する金棺、棺から出る釈迦の足、緒国王に分けられる仏舎利の5場面を描く。そして涅槃図の向かって右側には下から上へ、入胎、

誕生、試芸、四門出遊、左側には出家踰城、山中剃髪、降魔、初転法輪の各場面を描いている。八相だけでなく、入滅に関連する説話も描き入れた点で、類例の少ない珍しい作品となっている。もと和歌山県の根来寺に伝来したが、1585年の豊臣秀吉による焼討ちの際に、防津の有力寺院だった一乗院に移されたという。明治維新の廃仏毀釈で一乗院は廃絶となり、この絵は民家で保存されて、後に竜厳寺に寄贈された。

◎大久保利通関係資料

鹿児島市の鹿児島県歴史資料センター黎明館で収蔵・展示。江戸時代から明治時代の歴史資料。薩摩藩出身で明治維新の政治家だった大久保利通（1830〜78年）の関係資料である。大久保利通の書いた日記、文書、使用した遺品類、利通に宛てられた書状などからなり、死後に大久保氏に伝来して重要文化財となった。現在鹿児島県の黎明館に1,650点、千葉県の国立歴史民俗博物館に3,053点所蔵されている。黎明館の資料は、書状が大半を占め1,595点ある。例えば初期のものとして、1853年に妹キチの夫の石原近昌へ8両の借金を申し入れた書状がある。この頃、幕末に起きたお由羅騒動という島津氏の内紛に関連して、父利世が罰せられて遠島となり、利通も記録所書役助を免職となっていた。下級武士の大久保氏は金銭的に困難な時期だったのだろう。遺品として愛用の碁石・碁盤、洗面道具などがある。洗面道具とは青色の洗面器や水差し、ブラシ、カミソリなどで、暗殺された1878年5月14日の朝に、使用されたままの状態で保存されていたという。大久保利通自身の身辺に限らず、幕末から維新にかけての歴史や政治思想の研究に不可欠な資料である。

◎霧島神宮

霧島市にある。江戸時代中期の神社。古来霧島山周辺では山岳信仰が盛んで、平安時代中期に性空が入山して霧島六所権現を祀ったと伝える。霧島神宮は、もと西御在所霧島六所権現と称し、別当寺として修験の華林寺があって、天台真言系の修験が盛んだった。霧島信仰は島津氏の領国支配の根幹となっていた。霧島六所権現を祀る周辺のいくつかの神社の中から、1874年に霧島神宮と改称して発展した。現在の社殿は島津氏によって1715年に建てられ、本殿・弊殿・拝殿の大規模な複合社殿に、登廊下、勅使殿が連なる。中腹傾斜地の高い場所に本殿・弊殿・拝殿があり、拝殿の前面に、下から長さ10間の登廊下が伸び、登廊下の入口に勅使殿が建っている。本殿は桁行5間、梁間4間、入母屋造の大規模な建物である。拝殿は桁行7間、梁間3間の入母屋造で、正面

屋根に千鳥破風が付く。正面は蔀戸で、上部の小壁には黄色地に極彩色の華麗な鳳凰が描かれている。勅使殿は方1間の入母屋造で、正面に唐破風の向拝が付き、極彩色で塗られたさまざまな彫刻が施されている。装飾に満ちた豪華な社殿である。

◎旧集成館機械工場

鹿児島市にある。江戸時代末期の工場。薩摩藩11代藩主島津斉彬（1809〜58年）は、藩主になると1852年に別邸仙巌園の竹林を切り開いて反射炉の築造に着手し、周囲に機械、ガラス、陶磁器などの工場を設けて、1857年に集成館と命名した。兵器製造や造船を主体に手広く事業を展開させ、成果品として1857年に撮影された銀板写真（島津斉彬像）や、活版印刷用の鉛活字を開発した木村嘉平関係資料 などが残されている。1863年の薩英戦争で集成館はイギリス艦隊によって破壊されたが、1865年に機械工場として再興され、オランダ製形削盤 などが設置された。現存する旧集成館機械工場 はこの時のものである。桁行77ｍ、梁間12.45ｍの細長い石造平屋建、桟瓦葺の洋風建築で、ストーンホームと呼ばれた。屋根を支える木造小屋組のキングポストトラスは、現存最古の洋風小屋組と考えられている。洋風とはいえ、外側の壁体基部には亀腹という寺社建築の土壇に見られる丸く膨らんだ石が並べられ、従来の和様の手法も採用されている。1867年には集成館の西隣に鹿児島紡績所と技師館（異人館）が建てられた。廃藩置県で集成館は政府所管となり、1877年の西南戦争で周辺一帯が戦場となって多くの工場が焼失した。西南戦争後に集成館は民間に払い下げられ、1889年に再び島津氏の所有となった。その後、機械工場だけは残され、1923年に島津氏の資料を展示する博物館となった。

◎旧増田家住宅

薩摩川内市にある。明治時代前期の住居。1874年頃に建てられた分棟型の薩摩藩郷士の民家で、かつての武家集落の中にある。中世の豪族入来院氏の山城だった清色城の山裾に家臣たちが集住し、入来麓という集落が形成された。江戸時代には地頭館（お仮屋）が置かれて、玉石垣の連なる武家集落となった。旧増田家住宅は、オモテとナカエと呼ばれる寄棟造の2棟を鉤形（直角）に並べている。向かって右側のオモテはツギノマ、ウチザ、ザシキ、ナンドの4部屋からなる整形4間取りで、主に接客に使用した。ナカエは、土間と、囲炉裏のある広いナカエの2部屋からなり、居間として使われた。接合部分は板敷で、上部に竹で組んだ樋で雨水を流している。

☞ そのほかの主な国宝 / 重要文化財一覧

	時 代	種 別	名 称	保管・所有
1	縄 文	考古資料	◎前原遺跡出土品	鹿児島県立埋蔵文化財センター
2	弥 生	考古資料	◎広田遺跡出土品	鹿児島県歴史資料センター黎明館
3	弥生〜古墳時代	考古資料	◎広田遺跡出土品	南種子町
4	鎌 倉	工芸品	◎銅鏡（花鳥文様）	新田神社
5	鎌 倉	工芸品	◎秋草蝶鳥鏡	新田神社
6	鎌 倉	工芸品	◎柏樹鷹狩鏡	新田神社
7	鎌 倉	工芸品	◎銅鏡（秋草双雀文様）	八幡神社
8	鎌 倉	工芸品	◎銅鏡（唐草鴛鴦文様）	山宮神社
9	鎌 倉	工芸品	◎銅鏡（離二菊双雀文様）	都万神社
10	鎌倉〜江戸	古文書	◎新田神社文書	新田神社
11	室 町	工芸品	◎松梅蒔絵櫛笥	枚聞神社
12	安土桃山	歴史資料	◎文禄三年島津氏分国太閤検地尺	尚古集成館
13	江 戸	歴史資料	◎船大工樽木家関係資料	薩摩川内市川内歴史資料館
14	江 戸	歴史資料	◎銀板写真（島津斉彬像）	尚古集成館
15	江 戸	歴史資料	◎木村嘉平関係資料	尚古集成館
16	オランダ／19世紀	歴史資料	◎形削盤	尚古集成館
17	室町後期	神 社	◎箱崎神社本殿	箱崎神社
18	室町後期	神 社	◎八幡神社本殿	八幡神社
19	江戸中期〜後期	民 家	◎祁答院家住宅（大口市里）	―
20	江戸後期〜明治	民 家	◎二階堂家住宅（肝属郡肝付町）	高山町
21	江戸末期	民 家	◎古市家住宅（熊毛郡中種子町）	中種子町
22	江戸末期	住 居	◎旧鹿児島紡績所技師館	鹿児島市
23	明 治	住 居	◎泉家住宅（奄美市笠利町）	―
24	明 治	土 木	◎鹿児島旧港施設	鹿児島県

城　郭

鹿児島城大手櫓門

　鹿児島県はかつての薩摩・大隅2か国と日向国の一部と種子島（古くは多禰国）、屋久島およびトカラ列島・奄美群島からなる。古代はクマソ（熊襲）族があり、ハヤト（隼人）族も強力な支配力を有していた。11世紀になると島津荘が成立し、肝付氏が荘官としてみえる。肝付氏は高山城か肝付城にあった。鎌倉時代になると御家人が地頭となり、島津忠久（惟宗忠久）氏は在地支配のため代官を任命し、在国させていた。島津忠久は出水の山門院に入り、木牟礼城を築いた。12世紀末には薩摩平氏の別府氏が加世田城を築き、南北朝争乱期には島津貞久は武家方であったが、一門一族の多くは征西府（宮方）や足利直冬側に加担した。そのため一時期今川貞世（了俊）に守護の座を奪われた。しかし島津元久・伊久の代には鎌倉以来の三ヵ国の守護を兼帯する宗家に成長。これを機に一門、一族の自立へとなった。5代貞久は木牟礼城にあった守護所を碇山城に移した。在地豪族の動きもこの頃になると活発になりはじめる。貞久は室町時代に拠点を東福寺城に置き、島津氏分家の伊作家が伊作城、薩州家が出水城を拠点とした。島津氏が守護領国制を整えるのは15代貴久の代になってからである。清色城の入来院氏、高山城の肝付氏らが島津配下になるのは、貴久の子の義弘の代になってからである。

　関ヶ原の戦い後、家久の代に鹿児島城（鶴丸城）を築城、本拠とした。江戸時代に入ると、島津藩領は沖縄県まで及んだ。

　島津藩領はこうして離島を含む広範囲な地域に及んだ。そこで幕府は幕藩体制では異例の「外城」という支城の存在を認めた。外城は島津国内で当初は100ヶ所ほど、延享元（1744）年には113ヶ所に及び、江戸時代を通して計130ヶ城が存在した。まさに外城は「一国一城令」「武家諸法度」のもと幕藩体制の中で異例中の異例といえる。

伊作城 （いざくじょう）　別名 中山城、亀丸城　所在 日置市吹上町　遺構 土塁、堀切

　伊作城は鎌倉時代、島津久経の二男久長が築城し、10代忠良に至るおよそ250年間にわたる伊作島津氏の居城である。忠良の子貴久は島津宗家を継承し、伊作家の家系が島津宗家として明治まで続いた。そのため、忠良とその3人の息子あるいは、島津四兄弟といわれた義久、義弘、歳久、家久らの誕生地であった伊作城は、一国一城令による廃城後も、島津氏直轄地として伊作麓が置かれ、鹿児島城下士が派遣される特別な場所であった。

　伊作城は、伊作川北岸沿いの北東から南西に延びるシラス台地の先端にあり、標高75mを最高所に、南北約750m、東西約1000mに及ぶ。シラス台地に縦横に刻まれた浸食谷を空堀とし、本丸（亀丸城とも呼ぶ）・御仮屋城を中心に、東に蔵之城・東之城、西に西之城・花見城、南に山之城など9つの曲輪があった。現在も曲輪や空堀がよく残る。城跡には、近世以降に建てられた忠良の息子や娘、島津四兄弟の誕生碑がある。

鹿児島城 （かごしまじょう）　別名 鶴丸城　所在 鹿児島市城山　遺構 石垣、堀、門（復元）

　島津氏の本拠鹿児島城は、鶴丸城と呼ばれることが多い。背後の城山の形が、鶴が舞っているように見え、鶴丸山と呼ばれたことに因む。島津家久が、関ヶ原の戦い直後の慶長6（1601）年頃に築城を始め、同9（1604）年頃にほぼ完成したとされている。着工間もない慶長7（1602）年、家久は内城から鹿児島城へ島津氏の本拠を移した。以来、明治4（1871）年の廃藩置県で忠義が東京へ去るまで、12代270年余り島津氏の居城として続いた。

　城は、背後の山城（上之山城）と麓の居館からなり、江戸時代前半は山城部分の曲輪を「本丸、二之丸」、麓の居館は「居所」と称していた。江戸時代後半は、「居所」のうち、城主の御殿部分を本丸、その南方を二之丸と呼ぶようになった。天明5（1785）年には8代重豪が二之丸を整備、拡大した。

　鹿児島城には、県内では珍しい高石垣と水堀がみられる。居所の石垣は高さ8m、約70度の勾配で直線的で、その総延長は約500mを測る。中央には、二階建ての御楼門、その左右塁上には、御角櫓と御兵具所という2棟の多聞櫓が建てられ、その間は塀が造られていた。明治の失火と西南戦

争で建物が焼失した城跡は、石垣と塀のみ残存していたが、御楼門が令和2（2020）年に復元完成し、御角櫓も再建に向けた作業が進められている。

加世田城（かせだ）　別名 別府城　所在 南さつま市加世田武田

加世田城は万之瀬川下流に流れ込む加世田川左岸沿いの標高30mを最高地点とするシラス台地に築かれた。薩摩平氏の別府忠明が12世紀末に築城。以来、約300年間別府氏の居城として続いた。応永27（1420）年、出水の島津久豊に降り、以降の約120年間は、出水の島津氏が城主となった。江戸時代の加世田郷は島津氏直轄領となり、加世田麓（ふもと）が形成されていた。加世田は、福寿城・尼ヶ城・中之城の三曲輪で構成されていたが、明治36（1962）年に加世田小学校の校地にした際に均した上、昭和37（1962）年に下の平地と同じ高さに削平され、遺構の大半は消滅した。ただ、尼ヶ城等の一部が東西に残っており、尼ヶ城公園となり城址碑がたっている。

清色城（きよしき）　所在 薩摩川内市入来町　遺構 土塁、堀　史跡 国指定史跡

清色城の築城年代は定かではないが、約600年間清色を支配した入来院氏によって築かれた。入来院氏は宝治元（1247）年の宝治合戦の功により薩摩国内の地頭職となり、定心が入来院地頭となって入来院を名乗ったことに始まる。永禄12（1569）年、入来院氏が長年抗争関係にあった島津氏に降伏。その後、島津氏から養子に入り、入来院氏は島津一門となった。

清色城は樋脇川（清色川とも）西岸、標高98mを最高地点とする南東から北西に延びたシラス台地の北東に突き出た部分に築かれた山城で、南北約600m、東西約750mの規模を測る。南西方向から北東方向に延びる尾根筋の先端の頂部に設けた16の曲輪群で形成している。本丸を中核に据え、その周囲に三重に曲輪群を配置し、その間を切り立った空堀で掘切ったり繋いだりしている。

清色城廃城後には、島津領内の外城の一つの入来麓となり、その遺構は現代まで伝えられ、国重要伝統的建造物群保存地区に選定されている。

高山城（こうやま）　別名 肝付城、肝付高山城　所在 肝属郡肝付町新富　史跡 国指定史跡

高山城は国見連山の北西麓、高山川と本城川との合流点の北側に位置する。築城年代は不明だが、肝付兼護が天正8（1580）年、島津氏によって阿

多に移されるまで、18代にわたる肝付氏の本拠地だった。島津氏の地頭支配ののち、同15（1587）年頃には廃城となった。凡そ南北550m・東西1,300mの規模で、三方を川に挟まれたシラス台地の先端にあり、そのうち主体部は本丸、二の丸などおよそ南北320m・東西350mの範囲にある6つの曲輪。その周囲には幅の広い空堀があり、良くその姿を留める。

志布志城（しぶし）

別名 内城、松尾城、高城、新城　**所在** 志布志市志布志町
遺構 土塁、堀切　**史跡** 国指定史跡

　志布志城は、志布志湾北側の前川河口に近いシラス台地上に位置する。大隅・日向南部地方では、南北朝時代以来、楡井氏・肝付氏・島津氏・伊東氏等が割拠し、志布志城はその争奪の場であった。天正5（1577）年に薩摩と大隅を統一した島津氏は、志布志に地頭を置いた。慶長年間には城としての役割を終えたが、城下には引き続き麓集落が置かれた。

　志布志城は、標高約50mの台地上に築かれた4ヶ所の曲輪の総称である。東から内城・松尾城・高城・新城といい、中心は規模・構造から内城である。内城の南麓（現在の志布志小学校）には館、のちには御仮屋が置かれ、ここを中心に麓集落が形成された。内城と松尾城の間の沢目記馬場と前川沿いの道路に面して、麓時代以来の武家屋敷が連なり、現在も良く残る。

知覧城（ちらん）

別名 上木場城　**所在** 南九州市知覧町　**遺構** 堀
史跡 国指定史跡

　知覧は薩摩半島の内陸中央部やや南寄りにある。知覧城の創建年代は不明であるが、南北朝時代以降は、一時期、島津氏の直轄地あるいは種子島氏の私領となるが、明治まで佐多氏が支配した。慶長15（1610）年、佐多忠充が知覧地頭に任命され、同時期から外城の一つとなった。

　知覧城は、麓川の南岸に麓川に注ぐ小支流が浸食したシラス台地の縁にあった。標高176mを最高地点とする11の曲輪（一部曲輪群）からなる。全体では南北800m・東西900mの大きさがあり、深いところで30mの浸食谷を利用した空堀で区切られている。主体部は本丸・蔵之城・今城・弓場城と呼ばれる4つの曲輪からなり、南北250m・東西300mの規模である。現在、麓の遺構がよく残り、武家屋敷は小枡形虎口の武家門、生垣、目隠し石垣を伴い小路に建ち並ぶ。また、各屋敷地内の庭園は大刈込と石組からなる枯山水庭で、国の重要伝統的建造物群保存地区に選定されている。

戦国大名

鹿児島県の戦国史

　鹿児島県の戦国史はほぼ島津氏の歴史と重なる。島津氏は鎌倉時代初めから薩摩・大隅両国の守護をつとめ、日向の守護も兼ねた。南北朝時代頃までは、薩摩国では酒匂氏、大隅国では本田氏が守護代として補佐したが、室町時代後期になると、島津庶流と老中と呼ばれた重臣による統治になった。

　戦国時代では伊集院氏、平田氏、本田氏などが老中をつとめる一方、被官となった国人層は地頭として小領主的地位にあった。ただし、他国の国衆達とは違って、繰替といわれる島津氏による移動が行われた。これによって、国人層は本貫地から切り離されて島津氏の統治機構に完全に取り込まれ、自立化の道は閉ざされた。

　戦国時代初期まではこうした支配地は薩摩半島のみであったが、島津貴久は天文23年（1554）から弘治3年（1557）まで続いた蒲生合戦で蒲生氏を降して蒲生領内に新たに地頭を設置すると、永禄12年（1569）菱刈氏、元亀元年（1570）入来院氏、東郷氏を降して薩摩国を統一。天正2年（1574）肝付氏、伊地知氏を降して大隅国も支配し、同5年には日向の伊東氏も降して、薩摩・大隅・日向の三国を領国化した。さらに耳川合戦で大友氏を降すと、肥後国にも進出して人吉の相良氏を被官とし、肥後南部も島津領とした。

　さらに同12年には島原半島で龍造寺隆信を討ち取って龍造寺氏を従えると、隈部氏、小代氏、阿蘇氏をも従えて肥後国全土も島津領とした。これを受けて豊臣秀吉から和平を要請されたが、拒否して筑後・筑前にも侵攻した。同14年には豊臣秀吉の派遣した仙石久秀らの軍勢を戸次川で降し、大友義統を府内城から追放、事実上豊後国をも制したものの、翌15年に秀吉自ら九州に出兵したことで義久はその軍門に降り、島津氏の所領は薩摩・大隅二カ国となって、戦国時代は終わった。

伊集院氏
いじゅういん

薩摩国伊集院（日置市伊集院町）の国衆。島津家2代忠時の末子忠経の子である俊忠が祖と伝える（異説もある）。南北朝時代に忠国が三条泰季の下向に応じて挙兵し、南朝方に属して北朝方の島津本家と戦った。室町時代からは庶流の鹿屋伊集院氏が活躍した。頼久の四男倍久が祖で、島津相州家分出の際にその宿老となり、以後代々家老をつとめた。戦国時代に相州家が島津本家を継承すると、忠倉・忠棟父子は島津氏の家老筆頭として活躍した。豊臣秀吉の九州入り後、忠棟は秀吉から大隅国肝属郡を与えられている。文禄4年（1595）には日向都城で8万石を領したが、慶長4年（1599）山城伏見で島津家久によって討たれ、子忠真も都城で叛乱を起こして（庄内の乱）島津忠恒に誅された。

入来院氏
いりきいん

薩摩の戦国大名。桓武平氏渋谷氏の一族。宝治元年（1247）の宝治合戦の恩賞として渋谷氏が薩摩北部の地頭職を与えられ、渋谷光重の五男定心が薩摩郡入来院（薩摩川内市入来町）に住んで入来院氏の祖となり、以後代々入来院を領した。南北朝時代以降所領を拡大、室町時代には清色城（薩摩川内市）に拠って、足利将軍家直属の小番衆もつとめている。戦国時代には川内川下流方面にまで進出して薩摩を代表する戦国大名の一つに発展し、島津薩州家と対立した。永禄9年（1566）には滅亡した祁答院氏の所領を併呑、同12年重嗣が島津貴久に降って、その家臣となった。天正11年（1583）に重豊が死去すると、男子がいなかったため島津以久の子重時が養子となって継ぎ、以後は島津氏の一門となった。

頴娃氏
えい

肝付氏庶流。平姓頴娃氏滅亡後、肝付兼元の二男兼政（貴重）が島津久豊の養子となって頴娃・山川・指宿を領し、頴娃氏を称したのが祖。頴娃城（南九州市）に拠って山川を支配し、戦国時代には琉球やポルトガルと交易していた。しかし、天正16年（1588）久音のとき島津義弘に所領を没収され、薩摩国日置郡山西俣（鹿児島市西俣）に移った。江戸時代は薩摩藩士となる。

小川氏　薩摩国の甑島領主。武蔵七党西党の小川氏の一族。承久の乱後、小川太郎季能が肥後国益城郡内と甑島に所領を賜り、その子季直が新補地頭として下向したのが祖。入島にあたっては、先住の平家落人がいたため合戦になったといい、これに勝利して甑島に定着、以後上甑島里の亀城に拠って代々甑島を支配した。戦国時代の島主は有季で、豊臣秀吉の九州入りと検地に伴い、文禄4年（1595）に甑島を離れた。

鹿屋氏　大隅国鹿屋院（鹿屋市）の国衆。肝付氏の支流。正中2年（1325）肝付兼石の子宗兼が鹿屋院の弁済使となって鹿屋氏を称した。南北朝時代は肝付氏とともに南朝に属し、永正年間（1504〜21）に肝付本宗家と島津氏が対立した際も肝付氏に従っている。弘治2年（1556）肝付氏とともに国合原（末吉町）で北郷氏に敗れて衰退。永禄2年（1559）には伊東義祐を頼って日向国に落ちた。

蒲生氏　大隅の戦国大名。藤原姓。保安4年（1123）宇佐八幡宮の留守職藤原教清の子舜清が大隅に移り住み、のち姶良郡蒲生郷（姶良市蒲生町）に住んで蒲生氏を称して頴娃郡司平忠永の娘を娶っている。南北朝時代に島津氏に従い、清寛は島津元久の家老をつとめた。戦国時代、茂清のときに島津氏に叛き、以後しばしば島津氏と抗争した。天文23年（1554）から弘治3年（1557）まで続いた島津氏の戦い（蒲生合戦）で落城。のち清親が島津貴久に従って蒲生氏を再興している。

肝付氏　大隅国肝付郡の国衆。伴姓。伴兼行が薩摩国鹿児島郡神食村（鹿児島市伊敷町）に住み、兼貞は平季基の婿となって島津荘荘官をつとめた。長元9年（1036）兼俊のとき大隅国肝属郡の弁済使となり、肝付郡に大きな勢力を持った。鎌倉時代には鎌倉御家人ではなかったため、北条一族の地頭名越氏に圧迫されたが、南北朝時代には兼重が九州南部の南朝方として活躍。室町時代には大隅国の有力国人に発展、兼続は高山城に拠って大隅南部から日向国南部にまでその勢力を広げた。しかし永禄9年（1566）島津氏に高山城を落とされて兼続が自刃、以後衰退。天正2年（1574）島津氏に降り、同8年には兼護が18代にわたって支配した大隅から、薩摩国阿多郡阿多村（南さつま市）に移された。

祁答院氏（けとういん）　薩摩渋谷氏の一族。桓武平氏。渋谷光重の三男重保が薩摩国祁答院（薩摩川内市祁答院町）に下向し、柏原に住んで柏原氏を称したのが祖。室町時代に本拠を虎居城（薩摩郡さつま町）に移し、重慶（重度）のときに祁答院氏を称した。戦国時代、良重は岩剣城に拠って薩隅国境付近を支配していたが、弘治年間（1555〜58）に島津氏に所領を奪われた。その後は島津薩州家と結んでいたが、永禄9年（1566）良重が室である島津実久の娘に刺殺されて嫡流は滅亡した。

敷根氏（しきね）　大隅国の国衆。清和源氏土岐氏の庶流と伝える。土岐光行の七男光定の末裔という国房が、元暦元年（1184）に小河院敷根村（霧島市国分敷根）を領して下向したのが祖。のち敷根氏を称した。弘治年間（1555〜58）14代頼賀のときに島津氏に従った。文禄3年（1594）に頼賀が田上城（鹿児島市）に移された。頼元は文禄の役で死去し、島津忠長の子立頼を養子に迎えた。立頼は慶長4年（1599）に高隈に転じて垂野城に拠り、以後は島津氏の一門となった。

島津氏（しまづ）　薩摩の大名。『島津家譜』によると、祖忠久は源頼朝と丹後局の間に生まれた子となっており、『寛政重修諸家譜』でも採用されているが、実際には近衛家領の島津荘の下司をつとめた惟宗広言の子である。なお、近年は通字などの観点から広言の実子ではなく養子であるという説もある。島津荘は薩摩・大隅・日向にまたがる国内最大の広大な荘園で、「島津」の地は現在の宮崎県都城市と考えられる。忠久は文治元年（1185）に伊勢国須可荘（三重県）の地頭と島津荘の下司となり、建久8年（1197）には薩摩と大隅の守護に任ぜられ、のち日向の守護も兼ねた。南北朝時代、貞久は三男師久に薩摩守護を、四男氏久に大隅守護を譲り、師久の子孫は総州家、氏久の子孫は奥州家と称した。奥州家が嫡流である。奥州家は、室町時代には少弐氏、大友氏とともに九州を三分、永享2年（1430）には総州家の久林を日向国で滅ぼしたものの、今度は奥州家のなかで薩州家の実久と相州家の忠良が争い、相州家が勝利した。相州家は、忠国の長男友久が長男にも関わらず本家を継がず、田布施・阿多・高橋を領したのが祖。代々相模守を称したため相州家と呼ばれた。明応3年（1494）伊作善久が死去すると、未亡人の常盤を室に迎え、その連れ子忠良を養嗣子として伊作家を統合。

忠良は弱体化していた本家（守護家）を支え、嫡男貴久は一族を統一して薩摩・大隅・日向の3国を支配した。子義久は、豊後の大友氏、肥後の相良氏、肥前の龍造寺氏を次々と降して九州の大半を制覇したものの、豊臣秀吉に敗れて薩摩・大隅の両国と日向国の一部に戻った。関ヶ原合戦では、義弘はわずかの手兵を率いて西軍に属したが戦わずして敗れ、戦後敵陣を突破して帰国。義弘の所領は没収されたが、義久に安堵された。江戸時代は薩摩72万石余を領した。慶長14年（1609）には琉球に侵攻して征服し、以後実質的に属国としている。

種子島氏（たねがしま）　大隅国熊毛郡種子島の島主。『種子島家譜』では平清盛の孫行盛が種子島の地頭職を得たとしているが、実際は北条氏の一族名越氏被官の藤原姓肥後氏の末裔。鎌倉時代中期に地頭名越氏の代官となり、鎌倉幕府滅亡後も在地領主として種子島を支配した。南北朝時代は北朝に属し、応永15年（1408）清時のときに屋久島と永良部島を恩賞として与えられている。戦国時代は島津氏に従った。時堯は天文12年（1543）の鉄砲伝来時の領主として著名。文禄4年（1595）久時は薩摩国知覧に移されたが、慶長4年（1599）に種子島を回復した。江戸時代は薩摩藩重臣となり、私領として種子島を領した。

東郷氏（とうごう）　薩摩国高城郡の国衆。桓武平氏の薩摩渋谷氏の一族。渋谷光重の二男実重は宝治2年（1248）薩摩に下向、車内に住んで車内氏を称し、のち高城郡東郷（薩摩川内市東郷町）に住んで東郷氏を称した。実重（重真）のとき鶴が岡城（東郷城）を築城。以後、北薩地域に大きな勢力を築いたが、永禄12年（1569）16代重尚のとき島津貴久に降って本拠地東郷以外は没収された。島津家久の二男から東郷氏を継いだ重虎は、天正15年（1587）日向国佐土原に移された。

長島氏（ながしま）　薩摩国出水郡の長島（出水郡長島町）の島主。大蔵姓。大蔵義種の子種親が長島太郎兵衛を称した他、大蔵種秀の子頼種も長島弥六を名乗っている。南北朝時代は堂崎城（長島町）に拠っていた。以後、代々長島を支配していたが、天文3年（1534）鎮真のときに相良氏に敗れて長島から逃れて、出水に落ちた。

新納氏 （にいろ）　大隅国南諸県郡の国衆。島津忠宗の四男時久は、足利尊氏の挙兵直後から従い、日向国新納院（宮崎県児湯郡高鍋町付近）の地頭となって新納氏を称したのが祖。しかし新納の地は畠山直顕に奪われ、代々諸県郡の志布志松尾城（志布志市）に拠った。室町時代には飫肥に進出したが、やがて伊東氏に奪われ、末吉・財部・邦仁郷などを領した。天文7年（1538）忠勝は豊州島津家の忠朝と肝付兼興によって志布志を追われて日向に逃れ、子忠茂は日向の伊東氏に属した。

禰寝氏 （ねじめ）　大隅国の国衆。平惟盛の孫清重が源頼家から禰寝院を賜ったと伝えるが、実際には大隅国の在庁官人建部氏の出とみられる。建仁3年（1203）清重が禰寝院南俣の地頭となって禰寝氏を称したのが祖。以来、戦国時代までの400年間南俣を本拠として活躍した。戦国時代、重長は肝付氏、伊東氏と結んでいたが、天正元年（1573）島津氏に従って肝付・伊東両氏と争った。文禄4年（1595）重張のとき薩摩国吉利郷（日置市日吉町）に移された。江戸時代は薩摩藩重臣となり、末裔は小松氏に改称している。

菱刈氏 （ひしかり）　大隅国菱刈郡の国衆。保元元年（1156）藤原北家で頼長の曾孫の進士判官相印が大隅国菱刈院（伊佐市菱刈）を与えられて下向したのが祖と伝えるが不詳。鎌倉幕府の有力御家人で、室町時代は菱刈郡菱刈郷の領主として力を振るい、入山氏、馬越氏、曽木氏などの庶流を輩出した。南北朝時代以降は島津氏に属し、室町時代中期からは肥後の相良氏と縁戚関係を結んだ。戦国時代にはしばしば島津氏と争ったが、永禄12年（1569）大口城を開城して島津氏に降った。文禄5年（1596）17代重広は島津貴久から横川城を与えられている。江戸時代は薩摩藩士となった。

本田氏 （ほんだ）　大隅国の国衆。桓武平氏で武蔵国の出という。親恒は畠山重忠に仕え、島津忠久の外祖父となって薩摩国に下向したと伝える。鎌倉時代は山門院の地頭代で、南北朝時代以降大隅守護代となって清水城（霧島市）に拠った。戦国時代の薫親は大隅国の大半を支配して全盛期を迎えたが、内訌が起こって没落した。子親貞は島津義久の家老となって父薫親を討ち、薫親は追放された。江戸時代は薩摩藩士となった。

名門 / 名家

◎中世の名族

島津氏
（しまづ）

薩摩・大隅の戦国大名。『島津家譜』によると、祖島津忠久は源頼朝と丹後局の間に生まれた子となっているが、実際には近衛家領の島津荘の下司をつとめた惟宗広言の子である。

忠久は1185（文治元）年に伊勢国須可荘（三重県）の地頭と島津荘の下司となり、翌年には信濃国でも地頭職を得た。鎌倉幕府の成立後、97（建久8）年には薩摩と大隅の守護に任ぜられ、後日向の守護も兼ねた。

さらに信濃国、越前国、伊賀国、讃岐国などにも所領を得て御家人として活躍、1275（建治元）年3代久経の時に幕命で薩摩に下向した。

南北朝時代は北朝に属し、貞久は三男師久に薩摩守護を、四男氏久に大隅守護を譲り、師久の子孫は総州家、氏久の子孫は奥州家と称した。

嫡流の奥州家は室町時代には少弐氏（しょうに）、大友氏と共に九州を三分したが、中期以降は総州家との内訌によって勢力が衰えた。1430（永享2）年には総州家の久林を日向国で滅ぼしたものの、今度は奥州家の中で、薩州家の実久と相州家の忠良が争った。

忠良は弱体化していた本家（守護家）を支え、1526（大永6）年嫡男貴久に本家を継承させた。貴久は一族を統一して薩摩・大隅・日向の三国を支配した。子義久は78（天正6）年豊後の大友氏、81（同9）年肥後の相良氏、84（同12）年には肥前の龍造寺氏を次々と降して九州の大半を制覇したものの、87（同15）年豊臣秀吉に敗れて、薩摩・大隅の二国と日向国の一部に戻った。

関ヶ原合戦では義弘はわずかの手兵を率いて西軍に属したが戦わずして敗れ、戦後敵陣を突破して帰国。義弘の所領は没収されたが、義久に安堵された。徳川幕府成立後も引き続き薩摩72万石余りを領した。

岩元家 (いわもと)

鹿児島城下（鹿児島市）の豪商。百貨店山形屋の創業家。1751（宝暦元）年出羽山形生まれの初代源衛門が紅花仲買を始めたのが祖で、間もなく呉服太物行商に転じた。72（安永元）年薩摩藩の商人招致政策に応じて鹿児島城下に移り住み、木屋町に山形屋と号して呉服太物商店を開業した。維新後、信兵衛は衆議院議員にも当選、大正時代には百貨店に発展した。

川崎家 (かわさき)

川崎財閥の創業家。元は鹿児島城下の呉服商。薩摩藩の御用達となっていたが幕末に没落。正蔵行商人となり、その後大坂を拠点とする海運業に乗り出して巨利を得た。維新後は造船業に転じ、1887（明治20）年川崎造船を設立した。正蔵の跡は甥の鬼塚芳太郎が養子となって継ぎ、1920（大正9）年男爵を授けられた。

河南家 (かわみなみ)

薩摩国阿久根（阿久根市）の豪商。中国・河南省出身の明王朝の側近、藍会栄が祖という。藍会栄は女真族の南下で明が内乱となった際に琉球に亡命。琉球が薩摩に侵攻されたことから、薩摩藩から唐通詞として招請されて阿久根に住み、以後河南源兵衛と称して薩摩藩の士分に取り立てられた。同家は長男庸亮が継ぎ、二男根実は商人となって源兵衛を称し、唐通詞の傍ら御用商人をつとめた。江戸時代後期には鹿児島城下に住んでいた。

小松家 (こまつ)

薩摩藩家老。建部姓禰寝氏（ねじめ）の末裔。1624（寛永元）年禰寝重張の嫡子重政が死去すると、27（同4）年藩命で島津家久の九男福寿丸が禰寝家を継ぎ、以後は島津氏の庶流となった。34（同11）年福寿丸は永吉島津家を継いだことから、実兄の重永が相続、その子清雄は家老となる。1761（宝暦11）年清香の時小松氏と改称。

　幕末、清廉は家老となって国事に奔走し、1896（明治29）年孫の帯刀が伯爵を授けられた。

重家 (しげ)

大隅国肝属郡波見（肝付町波見）（きもつき）の豪商。1376（天授2）年の銘の入っ

た桐紋入銅鏡を同家屋敷隣の稲荷社に奉納していることから、代々同地に住んでいたとみられる。江戸時代は三家に分かれて廻船問屋として活躍、1783（天明3）年飢饉の際に合力米を出したことから、85（同5）年には名字を許されている。9代目政右衛門実護は西日本を代表する豪商の一人といわれた。

島津家 <ruby>島津<rt>しまづ</rt></ruby>

薩摩藩主。戦国大名島津氏の子孫。関ヶ原合戦で敗れて薩摩・大隅・日向南部に逼塞した後、1609（慶長14）年には琉球に侵攻して征服し、以後実質的に属国としている。島津家には分家が多く、江戸時代薩摩藩の重臣の多くは島津氏一門で固めていた。

　幕末島津斉彬は藩政を改革して殖産興業に成功、また西郷隆盛や大久保利通ら有能な下級藩士を多数登用した。その死後弟の久光は藩主忠義と共に、藩論を討幕に統一し、長州や土佐と共に幕府を倒して新政府を樹立した。1884（明治17）年当主の島津忠義と、新たに玉里家を興した久光がそれぞれ公爵を賜り、支藩の佐土原藩主の島津家も伯爵となった他、一門十家が男爵を授けられた。

田辺家 <ruby>田辺<rt>たなべ</rt></ruby>

大隅国肝属郡柏原浦（東串良町川東）でカネタと号した豪商。江戸時代末期に奄美の黒砂糖を薩摩に運ぶ藩の御用廻船問屋となって栄え、1862（文久2）年に薩摩藩がミネヘル銃を購入した際には、田辺泰蔵が金1万両を貸し付けている。

種子島家 <ruby>種子島<rt>たねがしま</rt></ruby>

種子島の島主で戦国大名の種子島氏の末裔。平清盛の孫行盛の子孫というが、実際は北条氏の一族名越氏被官の藤原姓肥後氏の末裔。鎌倉時代中期に地頭名越氏の代官となり、鎌倉幕府滅亡後も在地領主として種子島を支配した。戦国時代の時堯は1543（天文12）年の鉄砲伝来時の領主として著名。江戸時代は薩摩藩重臣となり、私領として種子島を領した。1900（明治33）年守時の時に男爵となる。

丹宗家 <ruby>丹宗<rt>たんそう</rt></ruby>

薩摩国阿久根（阿久根市）の豪商。代々廻船問屋をつとめ、名字帯刀も許されていた。幕末、9代目庄右衛門は藩の密貿易に加わったことで、発覚後八丈島に流された。庄右衛門は八丈島で焼酎の醸造を始め、

明治になって許されて帰郷した。阿久根市長をつとめた丹宗忠は子孫に当たる。

浜崎家

薩摩国揖宿郡拾弐町村（指宿市）の豪商。国分正八幡宮（鹿児島神宮）の神官の出という。享保年間（1716～1736）に3代目新平が海運業を興し、5代目太左衛門の時には全国に知られる豪商となった。6代目太平次の時藩主島津斉宣に御座間という指宿別荘を新築して献納したことから島津家との結びつきが生まれ、稲荷丸の手形を受けた。7代目の時に家運が傾くが、幕末の8代目太平次が琉球の物産を大坂で売り捌いて再興。調所広郷の薩摩藩の天保の改革では、藩の御用商人として三島（奄美大島・喜界島・徳之島）の砂糖回送に当たり、日本を代表する豪商の一人に成長した。また、その財力で幕末の薩摩藩の財政をも支えていた。

1863（文久3）年に8代目が没した後は、甥が継いだが、維新後は次第に没落した。

古市家

種子島の旧家。清和源氏で出羽最上氏の一族という。初代清三は河内国古市郡の出で、永禄年間（1558～1570）種子島家に招かれて移り住み、その家老となった。2代実置の四男源左衛門が熊毛郡坂井村（熊毛郡中種子町坂井）に住み、以後代々同地を支配した。1846（弘化3）年に建てられた同家住宅は、現存する種子島最古の住宅で、国指定重要文化財である。

森家

薩摩国川辺郡坊津（南さつま市）の豪商。江戸中期に海産物問屋として創業、密貿易によって巨富を築いた。享保年間、幕府の密貿易摘発で一時的に衰退したものの、間もなくカツオ漁の網元として復活。やがて廻船問屋となり、1821（文政4）年からはみずから鰹節を大坂・兵庫に運んで販売し巨利を得た。しかし、維新後は藩の支援を失って衰退した。同家屋敷は現在「密貿易屋敷跡」として史跡になっている。

博物館

種子島宇宙センター
〈宇宙科学技術館〉

地域の特色

　鹿児島県は、九州島の部分と離島の薩南諸島に分かれる。九州島部は薩摩半島・大隅半島の二つの半島と鹿児島湾が特徴的で、湾央部にある活火山の桜島は鹿児島のシンボルであり、霧島温泉など温泉の数も多く泉源数は大分県に次いで全国2位である。九州島部の大部分は約2万4千年前の姶良カルデラの大爆発により生成されたシラス台地で、非常に脆弱な地質で低地や平野が極端に少ない。薩南諸島は大隅諸島、トカラ列島、奄美群島からなり、最北端は獅子島、最南端は与論島、有人島最大は奄美大島、世界遺産の屋久島など自然・文化・観光などの豊富な資源がある。縄文や旧石器時代遺跡など、国内最古級の定住集落跡や古墳時代の遺跡も多く、南九州独特の地下式墓制が出現している。飛鳥・奈良時代は、薩摩・大隅地域の住民は隼人と呼ばれた。鎌倉時代の島津忠久を祖とする島津氏が薩摩国・大隅国・日向国守護を独占し、戦国時代期には戦国大名化した。1877（明治10）年、西郷隆盛が西南戦争を起こし、薩長藩閥政府を構成し明治時代の政治を左右した。94（明治27）年から知事を務めた加納久宜により鹿児島県の基礎が築かれた。日本有数の農業県で、養豚や水産業も主要産業であり、伝統的に焼酎製造が盛んである。

主な博物館

尚古集成館　鹿児島市吉野町

　薩摩藩主島津斉彬は、軍事のみならず産業の育成を進め、磯に工場群「集成館」を建てた。1865（慶応元）年に竣工した機械工場（重要文化財）が島津家と薩摩の武術、茶道、学問などの文化歴史や集成館事業を語り継ぐ。反射炉・琉球船の再現模型、操業時の様子を再現した機械展示コーナーがある。海洋国家薩摩・海の交流を物語る島津家の歴史・文化を紹介。

鹿児島県立博物館　鹿児島市鴨池新町

　本館は九州初の RC 造の図書館であったが1981（昭和56）年から博物館となり、98（平成10）年に国の登録有形文化財に登録された。昆虫、脊椎動物、植物、地質学、古生物学、天文学など自然史系中心の館である。自然総合展示室にはディスカバリールーム、鹿児島の海、山、大地、川と湖沼に分かれ、南北600キロメートルにわたる鹿児島の自然を紹介。自然総合展示室には人々と自然のつきあい方、3D 劇場、学習情報室がある。

鹿児島県歴史資料センター黎明館　鹿児島市城山町

　島津氏の居住であった鶴丸城跡に建っており、1983（昭和58）年に開館した。テーマ展示は、鹿児島の歴史を原始・古代、中世、近世、近・現代の四つに分け、政治・社会史を中心に編年的に展示している。部門別展示は、歴史、民俗、美術・工芸の三つの部門に分け実物を用いながら展示している。

維新ふるさと館　鹿児島市加治屋町

　明治維新を中心に幕末の薩摩藩の様子とその時代を支えた英雄のエピソードの体験型展示施設。常設展示では、「ゆくさおさいじゃした通り」「体験しやったもんせ郷中教育」「世界を見ていた薩摩」「あそんでみやんせコーナー」「大河ドラマシアター」「薩摩の偉人英雄列伝」「篤姫居室」などで構成され、薩摩まちあるきのメインである「維新体感ホール」では2本のドラマ、「維新への道」と「薩摩スチューデント西へ」を上演している。

いおワールドかごしま水族館　鹿児島市本港新町

　1997（平成9）年に開館した。館名の「いお」は鹿児島弁で魚の意。鹿児島沿岸・鹿児島湾、薩南諸島の海生生物のほか、汽水域や河川の生物も扱う。ジンベエザメ、サツマハオリムシ、国内初のカラチョウザメの餌付けなども行う。順路の最後にある「沈黙の海」の展示水槽には生物はなく水だけで満たされており、海の将来の環境を考えさせる。

桜島ビジターセンター　鹿児島市桜島横山町

　桜島フェリーの乗り場そばにある火山をテーマにした博物館で、桜島を

旅する旅行者が最初に訪れる施設である。桜島をより深く理解するために、この地の地質学的な歴史や火山を取り巻く自然についてわかりやすく展示解説し、さまざまな情報を紹介している。桜島の歴史、植物の遷移、地域の観光情報や防災活動など九つのコーナーと、ハイビジョンシアターやジオラマ、パソコン操作などで桜島を体感でき、防災教育にも取り組んでいる。

奄美市立奄美博物館　奄美市名瀬長浜町

　奄美は古くから日本本土と中国、東南アジアとの接点にあり、独特の文化圏を形成してきた。その歴史は、琉球に属したり薩摩藩に組み入れられたり、アメリカ軍政下に置かれるなどきわめて変化に富んだ歴史をもつ。特に言語・風俗・信仰などは、日本の古代文化との深いつながりを保持しているといわれ、学問的にも貴重な地域として注目されている。また、自然の分野においても貴重な野生生物が多く、南限種・北限種・固有種が非常に多い。このような地域資源を収集展示する活動を展開している。

知覧特攻平和会館　南九州市知覧町郡

　知覧平和公園内の歴史博物館で、第二次世界大戦末期に編成された大日本帝国陸軍航空隊の特攻に関する資料を展示している。知覧町は知覧特攻観音付近を観光資源として開発を進め、1975（昭和50）年に知覧基地跡地の運動公園に特攻隊員の遺品や遺書を展示する「知覧特攻遺品館」として整備した。その後1985（昭和60）年に「知覧特攻平和会館」を建設、「特攻平和観音堂」も2004（平成16）年に改築し、隣接する運動公園を含めて「知覧平和公園」として整備した。

鹿児島大学総合研究博物館　鹿児島市郡元

　九州地方南部から琉球列島、さらに東南アジアに至る太平洋西部を研究対象地域とし、該当地域のさまざまな標本資料を収集・保存し展示している。また「文系と理系の研究分野が統合されるような総合的研究を行う博物館」を目指し、自然部門・人文社会部門を設けて、該当地域における生物・自然史学、考古学、地質・火山学など多岐にわたる学術的研究を行っている。展示室では、鹿児島県内の遺跡から出土した考古資料や、火山地帯である九州南部特有の鉱物資料などが展示されている。

鹿児島市平川動物公園　鹿児島市平川町

1916（大正5）年、日本で4番目の動物園として鴨池動物園を開園し28（昭和3）年に鹿児島市営となった。72（昭和47）年平川町に移転し平川動物公園としてリニューアルオープンした。桜島と錦江湾をバックにしたアフリカ園にはキリンやシマウマ、サイ、ダチョウなどの動物の群れが観察できる。84（昭和59）年に日本で初めてクイーンズランドコアラが来園し、97（平成9）年にはコアラ6世が誕生し話題となった。

屋久島町屋久杉自然館　熊毛郡屋久島町安房

屋久杉と屋久島の林業の歴史や文化も伝える総合博物館として1989（平成元）年に開館。2005（平成17）年の大雪で折れた枝は巨木の生命力と森の成り立ちを知る手がかりとして保存展示されている。屋久杉探検館では樹齢1660年の屋久杉をシンボルに屋久杉利用の歴史を、自然パノラマ館では垂直分布のジオラマ展開によって屋久杉を含む森林植生を紹介している。

種子島宇宙センター宇宙科学技術館　熊毛郡南種子町

宇宙航空研究開発機構、種子島宇宙センター内にある施設で1979（昭和54）年に宇宙開発展示館として開館した。97（平成9）年に「きぼう」日本実験棟の実物大模型や宇宙情報センターを増設し名称も宇宙科学技術館に改められた。2017（平成29）年にも改装し、展示スペースはロケットや宇宙環境利用などに分け実物大の試験モデルもあり、宇宙開発現場に触れることができる。宇宙開発の最先端研究、開発現場として、センターの過去・現在・未来への取り組みと課題を啓発普及するために施設見学も行っている。

上野原縄文の森　霧島市国分上野原縄文の森

上野原遺跡は霧島市国分上野原縄文の森にある縄文時代早期から近世にかけての遺跡で、周辺は上野原縄文の森として整備され県立埋蔵文化財センターが併設されている。展示館では県内各地から発掘された土器や石器の遺物を展示、上野原の縄文世界をイメージした縄文シアターやジオラマ、映像資料などが設置されている。この他、地層観察館、遺跡保存館、復元

集落、体験学習館、祭りの広場、古代家屋群など複合的な施設である。

かごしま近代文学館　鹿児島市城山町

　1998（平成10）年に開設された。鹿児島ゆかりの5人の文学者（海音寺潮五郎、林芙美子、椋鳩十、梅崎春生、島尾敏雄）の創作過程、鹿児島を舞台にした作品をジオラマなどで紹介。タッチパネルや電子黒板を使って表現する「ことばアトリエ」などの体験型展示もある。有島武郎ら22名の文人に関する資料展示と「向田邦子の世界」の常設展示が行われている。

西郷南洲顕彰館　鹿児島市上竜尾町

　西郷隆盛を中心に大久保利通や明治維新について展示する資料館で、1978（昭和53）年に開館した。西郷隆盛の生涯ジオラマや衣服・遺品・肖像画、薩摩藩主島津斉彬の功績、西南戦争関係資料、薩摩琵琶・薩摩刀などが紹介されている。映像ライブラリーでは、西南戦争、鹿児島県と山形県・徳の交流なども放映されている。

指宿市考古博物館　指宿市十二町

　874（貞観16）年の開聞岳大噴火の際の埋没集落が発掘された国の史跡、橋牟礼川遺跡の北側に所在している。約2万4千年前の始良カルデラの噴火を CG で再現。「古代ドーム」では古墳時代を体験できるなど、南九州の古代史を通史展示している。所蔵品は同遺跡関連の他、江戸時代に天璋院の生家であった薩摩藩今和泉家に関するもの、幕末に薩摩藩へ多大な資金提供を続けた御用商人濵﨑太平次に関するものなどがある。

鹿屋航空基地史料館　鹿屋市西原

　1936（昭和11）年に海軍鹿屋航空隊が開隊して以来、現在の海上自衛隊鹿屋航空基地に至るまでの史料を展示している。73（昭和48）年に開館し93（平成5）年に新史料館としてリニューアルした。大日本帝国海軍鹿屋航空基地時代から現代の海上自衛隊に至るまでの写真や文献、実機などを展示し、戦争・神風特別攻撃隊の実態、鹿屋基地の歴史、施設および部隊等の変遷、現代海上自衛隊の装備の変遷・活動などを紹介し国家を守る意味の理解を企図している。

名 字

〈難読名字クイズ〉
①上別府／②文／③上酔尾／④
汐陽／⑤芳／⑥特手／⑦賞雅／
⑧黒葛原／⑨賦／⑩図／⑪流合
／⑫吹留／⑬三／⑭物袋／⑮泉
二

◆地域の特徴

鹿児島で最も多い名字は中村である。中村は沖縄も含めてすべての都道府県で60位以内という、まんべんなく分布している名字だが、県単位で最多となっているのは鹿児島県のみ。2位の山下も山の麓という普遍的に地名に由来するため全国に多いが、2位という順位は全国最高である。3位には西日本に共通する田中が入り、この3つの名字が飛び抜けて多い。

以下、前田、浜田、東、山口、池田と続く。前田の4位は全国最高順位、浜田の5位は高知県の4位に次いで多い。6位の東は、他県では「ひがし」と「あずま」に読み方が分かれるが、鹿児島県では「ひがし」が98％を占めて圧倒的に多い。鹿児島県の「ひがし」さんは、実数でも人口比でも全国最多である。9位川畑も珍しい名字ではないが、全国の3分の1強が鹿児島県に集中している。

ここまでは比較的普通の名字だが、これ以下には鹿児島県独特の名字がずらっと並んでいる。とくに10位松元、14位有村、21位福元、26位鮫島、

名字ランキング（上位40位）

1	中村	11	西	21	福元	31	井上
2	山下	12	久保	22	中島	32	南
3	田中	13	日高	23	有馬	33	林
4	前田	14	有村	24	中野	34	山元
5	浜田	15	森	25	松下	35	山田
6	東 ひがし	16	坂元	26	鮫島	36	田畑
7	山口	17	橋口	27	上村 かみむら	37	大迫
8	池田	18	今村	28	原田	38	福留
9	川畑	19	上野	29	福永	39	山崎
10	松元	20	永田	30	岩元	40	大山

37位大迫、38位福留などは県外ではあまりみられない。

　有村のルーツは桜島の南部、鍋山川河口部の地名。安永噴火以前、有村には温泉があったが、噴火によって埋没したという。現在も全国の半数以上が県内にあり、まんべんなく分布している。

　鮫島のルーツは県内にはなく、駿河国富士郡鮫島（静岡県富士市鮫島）。藤原南家工藤氏の末裔で、建久2(1191)年宗家が薩摩国阿多郡の地頭となり下向したのが祖という。現在は静岡県には少なく、鹿児島県に全国の半数が集中している。県内では、南さつま市や種子島に多い。

　大迫の「迫」は谷間のこと。西日本では谷間のことを「さこ」といい、様々な漢字をあてた。県内では垂水市に多い。

　福留は鹿児島県と高知県に多いが、鹿児島には全国の4割強が集中している。また、高知県では「ふくとめ」と濁らないのに対し、鹿児島県では「ふくどめ」と濁ることが多い。

　41位以下では、56位迫田、62位瀬戸口、74位堀之内、83位宇都、100位吉留が特徴。宇都と吉留は全国の半数以上が県内にある。

　それ以下にも、徳留（とくどめ）、肥後、野元、木場（こば）、仮屋、別府、折田、市来（いちき）、徳重、栄（さかえ）、四元（よつもと）、安楽、堂薗、伊地知、上薗など独特の名字が並んでいる。

　こうした独特の名字が多いのには理由がある。鹿児島県は地理的に本土の最南端にあるため、ここを通って人が行き来するということが少ない。さらに、鎌倉時代から幕末まで、ほぼ一貫して島津氏だけによって支配されてきた。領主の交代がなかったことから、他県から人の流入する機会がきわめて少なかったのだ。また、江戸時代の薩摩藩は独自の鎖国政策を敷いており、他国からの人の流入を認めていなかった。

　名字は人に付随しているもので、人の移動の激しいところでは名字は平均化し、逆に移動の少ないところでは、その地域独特の名字が残るため、結果的に珍しい名字が多くなる。他国から人の流入が少なかった鹿児島県では、独自の名字が残り続けている。

● 地域による違い

　地域別にみると、県庁所在地である鹿児島市には県内から人が集中しているため、名字の偏りは少なく、県全体の分布に近いが、他の地域では名字が激しく偏っているところが多い。それも、市町村といった大きなくくりではなく、大字程度の単位で特定の名字が集中している。

薩摩半島では、中村、田中、東が多く、南九州市の菊永、塗木、南さつま市の栗野、黒瀬、枕崎市の大工園、俵積田、指宿市の七夕、田之畑などが特徴。枕崎市では最多が立石で、2位が田畑、3位が山崎という独特の分布となっている。

　薩摩北部では、浜田、川畑。橋口などが多く、薩摩川内市の新、十島、阿久根市の浜崎、さつま町の現王園、錦江町の半下石が特徴。

　大隅半島では自治体ごとにかなり違い、鹿屋市の福留、垂水市の岩元、篠原などが特徴。また、鹿屋市の郷原、西小野、垂水市の北方、篠原、肝付町の西之園、南大隅町の上籠なども目立つ。

　霧島地区は宮崎県の都城地区と共通する名字が多いほか、霧島市で池田、曽於市で山下が最多である。また、霧島市の福丸、堀切、曽於市の牧之瀬などが特徴。さらに、今別府、岡別府、上中別府、北別府、東別府など、「別府」の付く名字が多数ある。

　種子島や屋久島、吐噶喇列島などでは日高が圧倒的に多く、種子島の西之表市では榎本、上妻、中種子町では石堂、南種子町では砂坂などが特徴。

● 奄美群島の名字

　これより南、沖縄との間に点々と並ぶ奄美列島では、名字の種類がかなり違っている。

　この地域で最も多いのは前田で、以下、栄、山田、川畑、森、山下、池田、泉、林、平の順。とくに、漢字1文字の名字が多いのが特徴で、なかには伊、喜、記のように、読み方も1文字のものもある。

　さらに政、中、前、井、程、太、元など、独特の読み方をするものも多い。江戸時代に薩摩藩が1字名字を強制したのが理由で、琉球の一部に偽装して中国との貿易を円滑に進めるためだったという。

● 元と之

　鹿児島県の名字で一番大きな特徴は、「〜もと」という名字の場合に「〜元」と書くことだろう。鹿児島県以外では、「〜もと」という名字に対して「元」の漢字を使うことが多いのは「秋元」くらいで、ほとんどの「〜もと」は「〜本」と書くことが多い。全国のベスト100をみても、「本」で終わるものは山本、松本、橋本、坂本、岡本、宮本、藤本、杉本と8個もあるが、「元」で終わるものは1つもない。

　ところが、鹿児島県ではベスト50だけで松元、坂元、福元、岩元、山元

と5つもの「〜元」が入っている一方、「本」で終わる名字は100位までに1つもない。101位以下でも野元、岡元、吉元、西元といった名字が多いが、これらはいずれも他県では「〜本」と書く名字だ。とくにも岩元や福元は全国の半数以上が鹿児島県にある。

もう一つの特徴が「之」の付く名字である。竹内や堀内という名字は全国に多いが、鹿児島県では間に「の」が入って、「たけのうち」「ほりのうち」となることが多い。そして多くの場合、「之」という漢字を使って漢字3文字の名字になっている。

100位以内にも、74位堀之内、96位竹之内と2つ入っているほか、山之内、田之上、竹之下、池之野、牛之浜など、多くのパターンがある。

● 3文字以上の名字

鹿児島県では漢字3文字以上の名字が多いのも特徴である。前記のように、「の」に対して「之」を使うことで3文字となってしまうほか、既存の名字に上下や東西南北を付けることで3文字や4文字となったものも多い。

3文字名字は、上位100位までには、瀬戸口、堀之内、竹之内の3つしかないが、大久保、山之内、加治屋、田之上、木佐貫、阿久根、久木田、瀬戸山、海江田、伊集院なども多い。

さらに、漢字4文字の名字が多いことでも知られ、猪ヶ宇都（あべかうと）、今久留主（いまくるす）、上久木田（かみくきた）、小椎八重（こしいばえ）、下西ノ園（しもにしその）、野間川内（のまかわうち）、東麻生原（ひがしあそうばら）、牟田神西（むたがみにし）などがある。

● 院と園

九州南部には「院」の付く地名が多く、これらに由来する「〜院」という名字も多い。院とは本来垣根を巡らせた独立した建物のことで、正倉院などいろいろな建物に使われたが、中央ではやがて譲位した天皇（太上天皇）の住まいを指すようになり、さらに太上天皇そのものも院と呼ぶようになった。これに対し、九州南部では荘園制における私領（在庁官人などの私的な領地）も院と呼んだ。

最も有名なのが、日置市伊集院町をルーツとする伊集院氏である。この他、祁答院（けどういん）氏、入来院（いりきいん）氏なども中世から活躍した。

県内に多い「〜園」という名字は、屋敷内の野菜畑などを指す独特の言葉が由来。40位以内には1つもないが、中園、小園、堂園、上園、宮園、外園、森園、西園、下園など、「園」の付く名字は県内に多い。また、「その」

に対して「薗」や「囿」という漢字を使うこともあり、とくに「囿」を使う名字は、さつま町に集中している。

● 門割制度

鹿児島県の農村部では地域ごとに特定の名字が激しく集中している。それには、門割（かどわり）という薩摩藩独特の制度が大きく関係しているといわれる。

江戸時代、各藩は農家各個人を把握して徴税などを行っていたが、薩摩藩では各家ではなく門割という単位で農民を支配していた。

門割とは、農村での生産の確保と年貢徴収のためにつくられた土地制度で、数戸を単位に門（かど）に編成し、1つの門には1名の名頭（みょうず）・乙名（おつな）と何家かの名子（なご）がいた。その門に対して藩から耕地が割り当てられ、年貢・賦役も門ごとに割り当てられた。そして、門単位で共同農業を行っていた。

そもそも、豊臣秀吉の刀狩り以降、全国的には兵農分離が進んだが、薩摩藩では有事の際には武士身分の郷士のもと、農民も兵士化するという、中世以来の仕組みを残していた。この仕組みを支えたのが門割で、同じ門に属しているからといって、とくに血縁関係にあるというわけではなかった。

これらの各門には名前が付けられており、農民の名字はこの門名に由来するものが多いという。そのため、同じ耕地に住む農民はみな同じ名字となり、現在でも集落ごとに決まった名字が固まっている。

なお、門名には地名だけでなく、縁起の良い言葉を使ったことから、今でも鹿児島県には「福」「幸」など、縁起のいい言葉を使った名字が多い。

◆鹿児島県ならではの名字

◎安楽（あんらく）

鹿児島県から宮崎県南部にかけて広がる名字。日向国諸県郡志布志郷安楽（志布志市安楽）がルーツで、肝付氏一族の安楽氏と平姓安楽氏の2系統があった。江戸時代は新城島津氏に仕えた。（もろかた）

◎伊地知（いじち）

島津忠久は、畠山重忠の孫の季随を飛び地であった越前国大野郡伊地知村（福井県勝山市）の領主として派遣、伊地知氏の祖となった。室町時代に大隅に移り島津氏の重臣となる。現在は鹿児島市に多いほか、維新後上京した一族も多く、東京にも多い。

◎今給黎（いまきいれ）

伊集院忠国の九男久俊が今給黎氏を称したのが祖で、代々伊集院氏に仕えた。本来は「いまきいれ」だが、難読であることから、「いまきゅうれい」など、多くの変化したものがある。

◎栫（かこい）

「かこい」と読む難読名字。とくに鹿児島市や旧加世田市（南さつま市）、旧伊集院町（日置市）に多い。伊集院には門割制度による栫門があり、これに由来する。

◎塩満（しおみつ）

鹿児島市や霧島市に集中している名字。江戸時代、大隅国国分郷（霧島市）には門割制度による塩満門があり、これに由来する。宮崎県南部や島根県益田市付近にも多い。鹿児島県では「潮満」「汐満」とも書く。

◎羽生（はぶ）

古代に埴輪などをつくるための粘土質の赤土のことを「はに」といい、この「はに」のとれた場所が「はにふ」で羽生と書いた。「はにふ」はやがて「はにゅう」に変化したが、鹿児島県では「はぶ」となった。戦国時代から種子島氏の家臣に羽生氏があり、江戸時代も代々種子島氏に仕えていた。将棋の羽生善治も祖父が種子島の出身である。

◆鹿児島県にルーツのある名字

◎伊集院（いじゅういん）

九州南部には「院」の付く地名が多く、これらに由来する「〜院」という名字も多い。その代表が伊集院である。院とは本来垣根を巡らせた独立した建物のことで、正倉院などいろいろな建物に使われたが、中央ではやがて譲位した天皇（太上天皇）の住まいを指すようになり、さらに太上天皇そのものも院と呼ぶようになった。これに対し、九州南部では荘園制における私領（在庁官人などの私的な領地）も院と呼んだ。なお、伊集院の「いじゅう」とはイスノキのことであるという。伊集院家は中世から続く名家で、江戸時代には薩摩藩士に多くの分家があったが、明治維新後、新政府の要職となった一族を頼って次々と上京したことから、現在では鹿児島県と東京近郊の2カ所に多い名字となっている。

◎市来（いちき）

薩摩国日置郡市来（いちき串木野市・日置市）がルーツで、宝亀年間（770

〜780）に大蔵政房が下向して市来院司となり、鍋ヶ城に拠って市来氏を称したのが祖。

◎加治木（かじき）

薩摩国姶良郡加治木（姶良市加治木町）がルーツで、現在は鹿屋市や志布志市に多い。渡来人の子孫である大蔵良長の娘肥喜山女房と、寛弘3（1006）年に加治木に流された藤原頼忠の子経平の間に生まれた経頼が加治木を領して加治木氏を称したという。

◎喜入（きいれ）

薩摩島津氏の庶流。島津忠国の七男忠弘が薩摩国給黎郡喜入郷（鹿児島市喜入）を与えられたのが祖。季久（摂津）は島津相州家に従って各地を転戦した。永禄元（1558）年義久の命で喜入氏を称し、のち島津義久の家老となって鹿籠城に拠った。江戸時代は薩摩藩重臣となる。幕末久高（摂津）は主席家老となり、大久保利通、伊地知貞馨などを登用した。

◎肝付（きもつき）

鹿児島県を中心に九州南部に多い名字で、大隅国の名族肝付氏の末裔。大隅国肝付郡がルーツで大伴姓。伴兼行が薩摩国鹿児島郡神食村（鹿児島市伊敷町）に住み、兼貞は平季基の婿となって島津荘荘官を務めたのが祖である。長元9（1036）年兼俊の時、大隅国肝付郡の弁済使となる。以後、肝属郡に勢力を持ち、室町時代には大隅国の有力国人に発展した。

◎種子島（たねがしま）

ポルトガルから鉄砲が伝来した際に、受け取った人物として種子島時堯の名は教科書にも登場する。この種子島氏は種子島の「島主」といわれ、代々種子島を支配した。江戸時代も薩摩藩の家老として種子島を支配し、明治以降は男爵を授けられている。

◎帖佐（ちょうさ）

大隅国姶良帖佐（姶良市）がルーツで、桓武平氏高棟流。代々山崎郷（薩摩郡さつま町）に住んだ。全国の半数近くが鹿児島県にあり、鹿児島市に多い。

◆珍しい名字

◎鰻（うなぎ）

指宿市山川にある池田湖という火口湖は大鰻が生息していることで知られる。湖の北東部の集落はかつて鰻村と称し、住民の大半は鰻を名字とし

ていた。戦後名字を改称した人が多く、現在では少ない。

◎狩集（かりあつまり）

　鹿児島市と南さつま市に集中している。鹿児島県内には、日置市、指宿市、出水市に地名がある。

◎桑鶴（くわづる）

　鹿児島市と指宿市に集中している名字。鹿児島市には桑水流も多く、「水流」とは小さな水の流れを指す。この「水流」に佳字である「鶴」をあてたものとみられる。

◎幸福（こうふく）

　鹿児島市伊敷がルーツで、薩摩藩で禁止されていた隠れ念仏（浄土真宗）の信徒。維新後、新しい概念である「幸福」をあえて名字に付けたという。

◎左近充（さこんじゅ）

　本来は「左近允」と書いて「さこんのじょう」と読むが、鹿児島県では「さこんじゅ」と読み、漢字も「允」から「充」に変化したものが多い。現在では日置市吹上町や伊佐市に多くみられる。

◎知識（ちしき）

　薩摩国出水郡知識村（出水市上知識・下知識）がルーツ。現在は、薩摩川内市と鹿児島市に集中している。

◎日本（にっぽん）

　肝属郡肝付町にある名字。元は小幡という名字だったが、善作が藩主を船に乗せた際、日本晴れになることを予測して見事に当て、島津氏から日本という名字を与えられた。

◎東麻生原（ひがしあそうばら）

　霧島市横川町の名字で、「ひがしあそうばら」と読む。読みで8文字にもなり、日本最長の名字の一つである。

〈難読名字クイズ解答〉

①うえんびゅう／②かざり／③かみえのお／④かわみなみ／⑤かんばし／⑥こって／⑦たかまさ／⑧つづらはら／⑨つもり／⑩はかり／⑪はぎえ／⑫ひいどめ／⑬みたび／⑭もって／⑮もとじ

II

食の文化編

米 / 雑穀

地域の歴史的特徴

　県の本土は、水はけのよい火山灰土のシラスで覆われている。このため、水田には向かず、畑で大麦、アワなどを栽培し、かつては主食にしてきた。ただ、紀元前300年頃に現在の南さつま市周辺に弥生文化が波及し、稲作が開始されたことが旧金峰町高橋貝塚の発掘などで明らかになっている。

　1871（明治4）年には旧薩摩国と、旧大隅国の一部の郡で鹿児島県となった。

　1873（明治6）年には、都城県になっていた旧大隅国の地域を合併した。1876（明治9）年には現在の宮崎県を合併したものの、83（同16）年に宮崎県が分離、独立して現在の鹿児島県の姿に戻った。

　1953（昭和28）年には奄美諸島が日本に復帰し、鹿児島県に戻った。

　古くは桜島を鹿児島とよんでいた。鹿児島の名前の由来は、①野生のシカの子が多く生息していたから、②火山を意味するカグという言葉から、③多くの水夫が住んでいたから、などさまざまな説がある。

コメの概況

　鹿児島県内の土地は火山灰などによるシラス台地が多い。シラス台地は水もちが悪いため稲作には適していない。耕地面積に占める水田の比率は32.1％で、全国で6番目に低い。このため、品目別農業産出額を見ると、コメはキュウリの次の5位にとどまっている。

　水稲の作付面積の全国順位は山口県と並んで28位である。収穫量の全国順位は29位である。収穫量の多い市町村は、①伊佐市、②薩摩川内市、③霧島市、④出水市、⑤曽於市、⑥さつま町、⑦鹿屋市、⑧日置市、⑨姶良市、⑩鹿児島市の順である。県内におけるシェアは、伊佐市13.3％、薩摩川内市9.3％、霧島市8.6％、出水市7.5％、曽於市7.4％、さつま町7.2％などである。水稲が収穫できるのは本土と、種子島、屋久島などに限定さ

れており、これ以外の島では収穫できても少量である。

　鹿児島県における水稲の作付比率は、うるち米98.0％、もち米2.0％である。醸造用米については区分して面積が把握できないため、うるち米に包含している。作付面積の全国シェアをみると、うるち米は1.5％で全国順位が岐阜県、大分県と並んで25位、もち米は0.7％で全国順位が鳥取県、大分県と並んで28位である。

　陸稲の作付面積の全国順位は7位、収穫量は青森県、福島県と並んで8位である。

　鹿児島県では、台風による被害を避けるため、コメの作付面積の4分の1は3月下旬から田植えが始まり、7月中旬から収穫する超早場米である。特に、種子島、薩摩半島、大隅半島などでは超早場米の作付けが多い。

知っておきたいコメの品種

うるち米

（必須銘柄）あきほなみ、彩南月、イクヒカリ、コシヒカリ、はなさつま、ヒノヒカリ

（選択銘柄）あきのそら、なつほのか、にこまる、ミルキークイーン、レイホウ

　うるち米の作付面積を品種別にみると、「ヒノヒカリ」が最も多く全体の64.3％を占め、「コシヒカリ」（16.3％）、「あきほなみ」（11.2％）がこれに続いている。これら3品種が全体の91.8％を占めている。

- ●ヒノヒカリ　県本土を中心に広く栽培されており、収穫時期は10月上旬～11月上旬である。県北産「ヒノヒカリ」の食味ランキングは A' である。

- ●コシヒカリ　主産地は薩摩半島中南部、大隅半島南部、種子島などである。早期水稲で、田植えは3月中旬～4月上旬頃、収穫時期は7月中旬～8月中旬頃である。県南産「コシヒカリ」の食味ランキングは A' である。

- ●あきほなみ　鹿児島県が育成した。秋に実った稲穂が風に吹かれてなびいているイメージから命名された。鹿児島県の本土を中心に広く栽培されており、収穫時期は10月上旬～11月上旬である。県北産「あきほなみ」

の食味ランキングは、2014（平成26）年産以降、特Aが続いている。
- **イクヒカリ**　主産地は薩摩半島中南部、大隅半島南部、種子島などである。早期水稲で、田植えは3月中旬〜4月上旬頃、収穫時期は7月中旬〜8月中旬頃である。県南産「イクヒカリ」の食味ランキングはA'である。
- **なつほのか**　外食やコンビニ弁当など業務用向けに投入された。高温に強く、収量も多いと地元が期待を寄せている新品種である。

もち米

（必須銘柄）さつま雪もち
（選択銘柄）さつま赤もち、さつま絹もち、さつま黒もち、峰の雪もち

　もち米の作付面積の品種別比率は「サイワイモチ」と「さつま絹もち」がともに22.0％で、「峰の雪もち」（13.0％）が続いている。この3品種で57.0％を占めている。
- **さつま絹もち**　鹿児島県が「サイワイモチ」と「峰の雪もちとさつま白もちのF5」を交配し2012（平成24）年に育成した。出来上がったもちの質はサイワイモチに比べて白く、きめが細かい。2014（平成26）年産から鹿児島県の選択銘柄になっている。

醸造用米

（必須銘柄）なし
（選択銘柄）山田錦

知っておきたい雑穀

❶小麦
　小麦の作付面積の全国順位は鳥取県と並んで40位である。収穫量の全国順位は43位である。産地はさつま町、南九州市、姶良市などである。
❷二条大麦
　二条大麦の作付面積の全国順位は13位、収穫量は17位である。主産地は南さつま市で、作付面積は県内の59.7％を占めている。これに出水市（15.1％）、日置市（12.6％）、指宿市（5.7％）、南九州市（4.4％）などと続いている。

❸はだか麦

はだか麦の作付面積の全国順位は16位、収穫量は17位である。主産地は姶良市で、作付面積は県内の81.8%と大宗を占めている。

❹そば

そばの作付面積の全国順位は12位、収穫量は10位である。主産地は南さつま市、鹿屋市、志布志市、日置市、大崎町などである。

❺大豆

大豆の作付面積の全国順位は33位、収穫量は37位である。主産地は伊佐市、南九州市、日置市、南さつま市、湧水町などである。栽培品種は「フクユタカ」「黒大豆」などである。

❻小豆

小豆の作付面積の全国順位は43位、収穫量は39位である。主産地は鹿児島市、霧島市、さつま町などである。

コメ・雑穀関連施設

- **筒羽野の疏水**（湧水町）　疎水の水源は約1haの竹中池である。この池は、湧水町という町名のとおり霧島山系からの湧水が豊富で、透明度が高い。全長14kmの用水路によって、約90haの水田を潤している。受益地域では、有機米など品質にこだわった米づくりも行われている。

- **野井倉用水路**（志布志市）　同用水の建設に尽力したのは野井倉甚兵衛であり、用水路名にもなっている。菱田川上流の牛ヶ迫井堰から取水し、420haの水田を潤す延長12.9kmの水路が1953（昭和28）年に完工した。この地域は、大隈半島の南東部に位置し、菱田川と安楽川に挟まれたシラス台地のため、かつては水の乏しい土地だった。1996（平成8）年に改修した。

- **宮内原用水路**（霧島市）　天降川から取水し、霧島市隼人町や天降川西側の田にかんがい用水を供給している。時の郡奉行・汾陽盛常が計画し、1711（正徳元）年から16（享保元）年にかけて薩摩藩の事業として工事が行われた。農民たちは奉公して水溝を掘削した。延長は11.3km、受益面積は436haである。

- **清水用水**（南九州市）　薩摩半島を流れる万之瀬川の篠井手堰から岩屋公園を経て、下流の旧川辺町清水にかんがい用水を供給している。受益

面積は28haである。江戸時代初期の1663（寛文3）年に築造された。トンネルの下流域には名水百選に選定されている「清水の湧水」がある。

- 二渡新田用水（さつま町）　用水は、紫尾山水系の泊野川の水を二渡井手山の山之内井堰から取り入れている。江戸時代中期の1729（享保14）年に着工し、31（同16）年に完工した。溝幅は2.1m、延長は約6km、受益面積は60haである。途中、10カ所以上のトンネルがある。その後、何度か改修工事が行われている。

コメ・雑穀の特色ある料理

- 鶏飯（けいはん）　奄美が薩摩藩の支配下にあった時代、藩の役人をもてなすために鶏を使った料理が出されたのが始まりである。熱々のご飯を椀に盛り、細かく裂いた鶏のささみ、錦糸卵、甘辛く煮たシイタケ、パパイヤの漬物のみじん切り、薬味の島ミカンの皮などをのせ、鶏ガラでとった熱いスープをかけて食べる。スープの味が決め手である。

- 酒ずし　鹿児島のすしには、酒ずしと、さつますもじがあり、酒ずしは上級武士の豪華な料理である。ともにちらしずしである。ただ、酢の代わりに地酒を使うため、酒に弱い人は食べると酔っぱらう。使う具や飾り方などには家ごとのしきたりがある。

- さつますもじ　「すもじ」は朝廷につかえる女性たちが使う言葉で、すしのことである。鹿児島では昔からちらしずしを「すもじ」とよんでいる。入手しやすい旬の食材を混ぜ込んだ料理で、ひな節句を祝う庶民に親しまれている代表的なご飯料理である。

- あくまき　もち米を灰汁（あく）で煮たものを竹の皮で包んだ甘いちまきである。5月5日の端午の節句につくられる。包丁だとべたつくため、糸を巻いて厚さ2〜3cmの輪切りにする。食べる際は、きなこ、砂糖、砂糖しょうゆなどをつける。日もちが良いため、1600（慶長5）年の関ヶ原の戦いに薩摩藩は兵糧として携行した。

コメと伝統文化の例

- 秋名（あきな）の新節（あらせつ）行事（龍郷町）　夜明けの「ショチョガマ」では、奄美大島北部の水田が見渡せる高台に建てたわらぶき小屋に男たちが集まり、五穀豊穣を祈願して小屋を揺すって倒す。夕方の「平瀬（ひら）マンカイ」では、

海岸の二つの岩に男女の神役が乗り、歌を歌いながら海の向こうの神を招き、豊作を願う。開催日は毎年旧暦8月の初丙（ひのえ）の日。

- 「ソラヨイ」（南九州市） 南九州市知覧町の集落ごとに行われる「ソラヨイ」では、わらでつくった笠と腰みのを着けた男の子たちが「ソーラヨイ、ソーラヨイ」と歌いながら、輪をつくってシコを踏み、月に豊作を感謝する。枕崎市、南さつま市坊津町とともに「南薩摩の十五夜行事」として国の重要無形民俗文化財に指定されている。開催は毎年9月中旬。
- **与論十五夜踊り**（与論町） 与論島与論城の地主神社で、豊作を願い奉納される。踊りは、1番組が本土の狂言風、2番組が琉球風で、交互に行われる。1561（永禄4）年に、与論領主が、島民に島内、琉球、大和の芸能を学ばせ、一つの芸能にまとめあげた。国指定の重要無形民俗文化財である。開催日は毎年旧暦3、8、10月の15日。
- **諸鈍芝居**（しょどんしばや）（瀬戸内町） 大島海峡を挟み奄美大島南岸と向き合う位置にある加計呂島（かけろ）の諸鈍集落に残る村芝居で、800年前、平家の落人、平資盛が土地の人を招いて上演したのが起源とされる。大屯（とこむし）神社で上演される芝居の踊り手は集落の男だけである。踊りの一つ、今年の豊作を感謝し、来年の豊作を祈願するカマ踊りは、両手にカマを持って踊る。開催日は毎年旧暦の9月9日。
- **ガウンガウン祭り**（いちき串木野市） いちき串木野市野元の深田神社の春の大祭に五穀豊穣を願って奉納される。神事の後、田植えまでの一連の所作をテチョ（おやじ）、太郎、次郎、牛（おおちん）に扮した男の4人で滑稽に演じる300年以上続く鹿児島県の無形民俗文化財である。開催日は毎年旧暦2月2日に近い日曜日。

こなもの

そまんずし

地域の特色

　九州の南部に位置する県で、東側には大隈半島、西側に薩摩半島が太平洋に向かって突き出し、鹿児島湾を形成し、湾内に桜島が浮かぶ。北部に火山の火砕流で出来た火山灰土のシラスが厚く堆積した台地が丘陵がある。全体に平地は少ない。南方海上には、大隈諸島、トカラ列島、奄美大島諸島などの島嶼が存在する。大隈諸島以南は暖かく、亜熱帯型気候である。

　かつての薩摩・大隈の2つの国の地域である。県庁所在地の鹿児島市は鹿児島県の中央部に位置し、鹿児島湾を臨む。長い間、島津氏が支配していたこともあって、固有の文化が培われている。幕末の鹿児島県は、西郷隆盛などが活躍したことでも知られている。

食の歴史と文化

　シラス土壌は、栽培には適さない農作物が多い。江戸時代に、前田利右衛門はシラスに適したサツマイモを導入した。サツマイモの栽培は現在も盛んで、栽培品種もいろいろ開発されてきている。畜産関係では鹿児島黒牛、かごしま黒豚、茶美豚（チャーミートン）、さつま地鶏などが飼育されている。長い海岸線と南方の数々の島嶼は、水産業を発達させている。マグロの蓄養、クルマエビやマダイの養殖も行われている。

　伝統野菜としては、古くから栽培されている「桜ダイコン」は、煮物・漬物に利用されている。郷土料理の「薩摩汁」や「薩摩揚げ」（魚の天ぷら）、「酒ずし」が知られている。奄美大島の「鶏飯（けいはん）」は具をのせて鶏がらスープをかけて食べるご飯である。鹿児島の郷土料理には「あくまき」もある。

だんご・まんじゅう類

①よもぎだご

3月の節句に、ヨモギを入れて作るだんご。もち米の粉とうるち米の粉から作るだんごにヨモギを入れて捏ねた生地をだんごにし、蒸したもの。蒸すときに蒸籠（せいろ）にクマタケランの葉を敷いて、その上にだんごをのせる。

②せんむち

ソテツの幹からとったデンプン（「せぐたぐ」）を搗いて、これに煮たサツマイモを加えて、さらに搗く。直径3cmほどの平たいだんごの形にして茹でる。できただんごは黒砂糖や味噌をつけて食べる。

奄美大島南部で作るだんごである。

③かからん団子

米粉に小豆餡と砂糖を混ぜて丸めて、かからかん葉（サルトリイバラの葉）で包んで蒸しただんごで、五月の節句には欠かせないだんごである。かからかんの葉を使うので、「かからん」の名がある。

「餡入りかからんだご」と「よもぎ入りかからだご」がある。

④やまいもの茶きんしぼり

ヤマイモを原料とした和菓子。ヤマイモは蒸してつぶして使う。これに砂糖を加えて練り、適量を布巾にとり、茶巾しぼりをする。絞った菓子の中央に小さな紅色をつける。鹿児島の正月の祝い膳にのせる。

⑤ふくれ菓子（川辺郡）

5月の節句、お盆、彼岸、法事に作る。重曹と黒砂糖、小麦粉を混ぜて、水を入れて練り、木箱に入れて蒸す。

⑥ふくれ菓子（姶良郡）

農家で作る蒸し菓子である。小麦粉に重曹を入れ、煮て溶かした黒砂糖を入れて混ぜ軟らかい生地を作る。これを布巾を敷いた木箱に入れて蒸す。

⑦かるかん

あく抜きしたヤマイモを摺りおろし、米粉、砂糖を混ぜ合わせ、水をくわえてから練ってから蒸籠で蒸した鹿児島の銘菓。食感がなめらかで、口中では特有の溶け方を感じる。江戸時代前期の寛文年間（1661〜72）に

考案されたといわれている。「かるかん元祖　明石屋」(創業は弘化4[1847]年）は、江戸で菓子作りをしていた八島六兵衛が島津斉彬公（第11代薩摩藩主・第28代島津家当主）に請われて鹿児島にやってきて、鹿児島で菓子作りを始めた。「明石屋」の名は、八島が播州明石の出身であったことからつけた店名である。八島は、鹿児島で採れる質のよい自然薯と江戸仕込みの技で、この店の代表である「かるかん（軽羹）」を作り続けている。

⑧赤松

　国分市の薄焼き小麦せんべい。赤松せんべいともいう。霧島公園に自生する赤松を模したせんべいとネーミングである。表面はケシの実がのせてあり、年輪を表している。裏面は松風のうらさびしさを描いている。

⑨大黒餅

　鹿児島県の奄美大島で産する上質の黒糖を用いた求肥に、大納言小豆の粒餡を包んで折り畳んだ菓子が「大黒餅」。黒糖のもつ風味が餅のような食感との相性がよい。ヤマイモを使った鹿児島市の上品な菓子である。

お焼き・焼きおやつ・お好み焼き・たこ焼き類

①そまんかっぱ焼き

　そば粉（鹿児島では「そま粉」という）と細かく刻んだサツマイモ（からいも）、黒砂糖を混ぜ、水を加えて軟らかい生地を作る。鉄鍋に油をしいて、この生地を流して両面を焼く。

　毎月の1日、15日、七夕には、お茶うけに作る。

②米の粉の揚げもん

　もち米の粉に、黒砂糖を入れ（米粉の半分）、少量の塩を混ぜる。これに、水を加えて弾力のある硬さの生地にする。これを鉄鍋やフライパンで大きな焼き物を作る。両面を焼き、焼き上がったら、しゃにんの葉（サンニン、月桃の葉）に移し、冷えてから切り分ける。

　祭りなどお祝い事に作り、重箱に詰めて神社へ持っていく。

③いもせんの揚げもん

　いもんせん（「サツマイモデンプン」のこと）に水を加えて、サラサラになるくらいに混ぜる。鉄鍋やフライパンで両面を焼く。ショウガ醤油、酢醤油、ゴマ醤油などで食べる。

めんの郷土料理

①そまんずし

そばぞうすいのことで、冬に作ることが多い。焼き干し魚を入れた汁に、ダイコンやニンジンを入れて煮る。その中に水で捏ねたそば粉を太い麺にして入れて煮る。

②そば切い（笠沙町）

手打ちのそばの太い麺を茹でて茶碗に入れておく。魚の焼き干しで作ったそばつゆを、このそばにかける。お祭りのもてなしに作ることが多い。

③そば切い（鹿屋市）

手打ちそばを茹でて、めいめいが籠で茹でて自分の茶碗に入れておく。煮干でとったかけ汁をかける。

④そばずい

つなぎにヤマイモを入れたそばを、幅広い麺に作る。ダイコン、ニンジン、シイタケなどの野菜を入れた汁を作り、煮立ったところへ手打ちそばを入れる。

⑤薩摩そば

鹿児島のそば粉でつなぎはヤマイモとして作るそば。椀だねとして、蒲鉾を入れる。

⑥鹿児島ラーメン

鹿児島ラーメンはスープに特徴がある。特産の黒豚の骨・鶏の骨・鰹節・タマネギ・ニンニクで、丁寧に仕上げた白濁したスープで、コクがある。

くだもの

地勢と気候

　鹿児島県の面積は九州で最も広い。種子島、屋久島、奄美諸島などの島々を有しており、北の長島町から南の与論町まで南北に直線距離で約600kmに達する。県全土が火山灰堆積物に覆われており、本土部分の約半分はシラス台地である。

　気候は温帯と亜熱帯にまたがっているが、九州最高峰の山がそびえる屋久島には冷温帯の一面もある。一つの県の中に三つの気候があるのは珍しい。本土の年平均降水量は2,200mmを超え、年平均気温は17〜18℃と温暖多雨である。県南部の指宿市では1月に菜の花が咲く。奄美諸島は4月〜10月の月平均気温が20℃を超え、亜熱帯気候帯に属する。

知っておきたい果物

バナナ　バナナの栽培面積の全国順位、収穫量の全国順位はともに1位である。全国シェアは栽培面積で52.3％、収穫量で54.8％である。主産地は奄美市、十島村、瀬戸内町などである。

パッションフルーツ　パッションフルーツの栽培面積の全国順位、収穫量の全国順位はともに1位である。全国シェアは栽培面積で61.1％、収穫量で62.9％である。主産地は奄美市、瀬戸内町、屋久島町などである。

レイシ　ライチともいう。レイシの栽培面積、収穫量の全国順位は、ともに1位である。全国シェアは栽培面積で52.6％、収穫量で72.4％である。主産地は南大隅町、指宿市、垂水市などである。

パパイア　パパイアの栽培面積の全国順位は1位である。収穫量の全国順位は沖縄県、宮崎県に次いで3位である。全国シェアは栽培面積で54.2％、収穫量で18.5％である。主産地は奄美市、瀬戸内町、喜界町などである。

キシュウミカン

キシュウミカンの栽培面積、収穫量の全国順位はともに1位である。鹿児島県の占有率は、栽培面積で64.6%、収穫量で54.7%である。主産地は鹿児島市、霧島市、いちき串木野市などである。

ポンカン

ポンカンは、栽培面積で全国の26.4%、収穫量では16.7%を占め、ともにトップの愛媛県に次いで2位である。主産地は屋久島町、肝付町、いちき串木野市などである。出荷時期は11月中旬〜2月下旬頃である。

アテモヤ

アテモヤの鹿児島県の占有率は栽培面積で33.7%、収穫量で14.4%、ともに沖縄県に次いで2位である。主産地は与論町、徳之島町、大崎町などである。

キンカン

キンカンの栽培面積、収穫量の全国順位は、ともに宮崎県に次いで2位である。鹿児島県の占有率は、栽培面積で25.9%、収穫量で23.3%である。主産地は南さつま市、薩摩川内市、さつま町などである。

パインアップル

パインアップルの栽培面積、収穫量の全国順位は、ともに沖縄県に次いで2位である。主産地は徳之島町、天城町、奄美市などである。

ナツミカン

ナツミカンの栽培面積の全国順位は3位、収穫量の全国順位は熊本県に次いで2位である。

出水地域を中心に産地が形成されており、主産地は県北東部の出水市、長島町、阿久根市などである。出荷時期は1月下旬〜6月下旬頃である。

「出水の紅甘夏」は鹿児島県の「かごしまブランド」産地に指定されている。

オオタチバナ

オオタチバナの栽培面積、収穫量の全国順位は、ともに熊本県に次いで2位である。主産地はいちき串木野市、薩摩川内市、出水市などである。

ブンタン

ブンタンの栽培面積、収穫量の全国順位は、ともに高知県に次いで2位である。主産地は阿久根市、志布志市などである。

鹿児島県ではブンタンをボンタンということが多い。もともとは、阿久根に漂着した中国商船の船長「謝文旦」の名をとって命名している。

シークワーサー　シークワーサーの栽培面積、収穫量の全国順位は、ともに沖縄県に次いで2位である。主産地は徳之島町などである。

スイートスプリング　スイートスプリングの栽培面積の全国順位は3位、収穫量は2位である。主産地は出水市、阿久根市、長島町などである。農研機構が「上田温州」とハッサクを交配して育成した。

ビワ　ビワの栽培面積の全国順位は、長崎県に次いで2位である。収穫量の全国順位は、長崎県、千葉県に次いで3位である。

ピタヤ　ドラゴンフルーツともいう。ピタヤの栽培面積、収穫量の全国順位は、ともに沖縄県に次いで2位である。全国シェアは栽培面積で44.2%、収穫量で26.7%である。主産地は奄美市、与論町、天城町などである。

マンゴー　マンゴーの栽培面積、収穫量の全国順位は、ともに沖縄県、宮崎県に次いで3位である。全国シェアは栽培面積で14.8%、収穫量で13.4%である。主産地は大崎町、指宿市、天城町などである。

カワチバンカン　カワチバンカンの栽培面積、収穫量の全国順位はともに4位である。主産地は出水市、垂水市などである。

カボス　カボスの栽培面積、収穫量の全国順位はともに6位である。主産地は鹿児島市などである。

ユズ　ユズの栽培面積、収穫量の全国順位はともに6位である。主産地は曽於市、大崎市などである。

不知火　不知火はデコポンである。不知火の栽培面積、収穫量の全国順位はともに6位である。主産地は長島町、阿久根市、出水市などである。出荷時期は11月下旬～4月上旬頃である。鹿児島県のオリジナル品種「大将季（だいまさき）」の栽培面積は拡大している。

ヒュウガナツ　ヒュウガナツの栽培面積、収穫量の全国順位はともに8位である。主産地は阿久根市、出水市などである。

伊予カン　伊予カンの栽培面積の全国順位は9位、収穫量は8位である。主産地は出水市、薩摩川内市、日置市などである。

セトカ　セトカの栽培面積の全国順位は11位、収穫量は10位である。主産地は出水市、長島町、阿久根市などである。

ダイダイ　ダイダイの栽培面積の全国順位は14位、収穫量は10位である。主産地は長島町などである。

ネーブルオレンジ　ネーブルオレンジの栽培面積の全国順位は11位、収穫量は10位である。主産地は出水市、霧島市、長島町などである。

清見　清見の栽培面積、収穫量の全国順位はともに12位である。主産地は出水市、阿久根市、長島町などである。

ハッサク　ハッサクの栽培面積の全国順位は17位、収穫量は13位である。主産地は出水市、日置市、阿久根市などである。

ミカン　ミカンの栽培面積の全国順位は13位、収穫量は14位である。主産地は鹿児島市、枕崎市、南さつま市などである。

スモモ　スモモの栽培面積の全国順位は8位、収穫量は14位である。スモモは大島本島地域では果樹栽培の基幹品目になっている。主産地は、奄美大島の大和村、奄美市と、指宿市などである。出荷時期は5月中旬〜6月下旬頃である。

ブルーベリー　ブルーベリーの栽培面積の全国順位は28位、収穫量は14位である。主産地は霧島市、伊佐市、鹿屋市などである。

レモン　レモンの栽培面積の全国順位は18位、収穫量は16位である。主産地は肝付町、出水市、阿久根市などである。

ギンナン　ギンナンの栽培面積の全国順位は11位、収穫量は17位である。主産地は伊佐市、薩摩川内市、霧島市などである。

イチゴ　イチゴの作付面積の全国順位は21位、収穫量は20位である。主産地は志布志市、日置市、出水市、さつま町、薩摩川内市などである。

ブドウ　ブドウの栽培面積の全国順位は37位である。収穫量の全国順位は鳥取県と並んで30位である。「巨峰」を中心とし、「ピオーネ」なども栽培している。主産地は薩摩川内市、霧島市、出水市などである。出荷時期は7月中旬〜9月中旬頃である。

桃　桃の栽培面積の全国順位は、東京都と並んで43位である。収穫量の全国順位は40位である。霧島市の旧隼人町は、露地栽培では日本いち早く収穫できる日秀早生桃の産地で、5月末頃には出荷できる。

日本ナシ　日本ナシの栽培面積の全国順位は42位、収穫量は44位である。栽培品種は「幸水」「豊水」「新高」である。主産地は霧島市、さつま町などである。出荷時期は8月上旬～10月中旬頃である。

カキ　カキの栽培面積の全国順位は41位、収穫量は45位である。主産地は出水市、伊佐市、霧島市などである。出荷時期は9月中旬～11月中旬頃である。

タンカン　タンカンの栽培面積、収穫量の全国順位はともに1位である。鹿児島県の占有率は栽培面積で76.5％、収穫量で85.7％である。主産地は屋久島町、奄美市、南大隅町などである。

クロシマミカン　黒島ミカンとも書く。農林統計によると、主な生産地は鹿児島県だけである。栽培面積は2.0ha、収穫量は11.0トンである。主産地は長島町、三島村などである。名前に付いている黒島は、屋久島と薩摩半島の間の三島列島に位置する三島村の3島のうちの1つである。桜島の小ミカンの原種とされる。

ケラジミカン　漢字では花良治ミカンと書く。農林統計によると、主な生産地は鹿児島県だけである。栽培面積は0.7ha、収穫量は3.5トンである。主産地は喜界町などである。約200年前から喜界島の花良治地区で栽培が始まった。

ツノカガヤキ　漢字では津之輝と書く。ツノカガヤキの栽培面積の全国順位は宮崎県に次いで2位、収穫量は4位である。主産地は南大隅町などである。農研機構が「清見」と「興津早生」を交配し、さらに「アンコール」を交配して育成した。タンゴールの一種で、2009（平成11）年に品種登録された。

ハヤカ　漢字では早香と書く。ハヤカの栽培面積の全国順位は3位、収穫量は4位である。主産地は出水市、長島町などである。

ハルミ　ハルミの栽培面積の全国順位は福岡県と並んで9位である。収穫量の全国順位は11位である。主産地は鹿児島市、肝付町、枕崎市などである。

バンジロウ グァバともいう。農林統計によると、主な生産地は鹿児島県だけである。栽培面積は 0.8 ha、収穫量は 4.9 トンである。主産地は奄美市、指宿市などである。

バンペイユ バンペイユの栽培面積の全国順位は 3 位、収穫量は熊本県に次いで 2 位である。主産地はいちき串木野市、出水市、霧島市などである。

ヘツカダイダイ 辺塚ダイダイとも書く。香酸かんきつ類で、ダイダイの原種といわれる。農林統計によると、主な生産地は鹿児島県だけである。栽培面積は 5.5 ha、収穫量は 53.6 トンである。主産地は肝付町、南大隈町などである。

肝付町内之浦では、「辺塚デデス」ともよばれる。8 月～10 月頃に収穫したばかりの果実は酸っぱくて果汁が多く、地元では古くから酢の代用品として使っている。11 月～12 月には酸味が抜け、さわやかな果汁になる。

ドレッシング、ポン酢にも加工され、販売されている。

メロン メロンは志布志市、垂水市、出水市、東串良町、大崎町などで生産されている。

地元が提案する食べ方と加工品の例

果物の食べ方 （TV 番組「たわわタウン」から）

たんかんの簡単白玉 （JA 鹿児島県経済連）

白玉粉 100 g にタンカンを 100 cc 絞って練り、丸めてゆで、冷水にさらす。耐熱容器に牛乳、豆乳、おろしショウガ、ハチミツを入れてレンジで温め、白玉を入れる。

さわやかトロピカルドレッシング （JA 鹿児島県経済連）

パッションフルーツの底を薄く切ると立つため、器にする。上から 1/4 を切り取り、中身をかき混ぜ、塩、オリーブオイルなどを加え、素材にかける。

きんかん春姫カナッペ （JA 鹿児島県経済連）

フランスパンやクラッカーにレタス、ハム、チーズ、キンカンなどの具材をトッピング。キンカンの種は取り除き皮ごと輪切りに。パンは焼き目をつけるとおいしい。

マンゴーのブルスケッタ（JA 鹿児島県経済連）

　バターに擂ったニンニクを混ぜてスライスしたバゲットに塗ってトーストした上に、マンゴー、キュウリ、ボイルした小エビなどをドレッシングで混ぜてのせる。

パッション・ラッシー（JA 鹿児島県経済連）

　ミキサーに、ヨーグルト、氷、ハチミツ、黒酢を入れてミキシングし、よくかき混ぜたパッションフルーツをトッピングする。

果物加工品

- 文旦漬　郷土菓子
- パッションフルーツジャム
- パッションフルーツジュース
- コミカンジャム

消費者向け取り組み

- オレンジパーク串良　鹿屋市

魚　食

地域の特性

　鹿児島湾は錦港湾といわれ、大隈・薩摩の両半島に抱えられ、鹿児島、指宿、加治木、垂水の漁港があり、マダイ、マアジ、キビナゴなどの漁港として発達している。大隈半島の南端には佐多岬があり、薩摩半島の先端には長崎鼻がある。これらの岬から奄美大島までには薩摩諸島があり、奄美大島から沖縄までは奄美諸島となっている。沖縄から南には琉球諸島の島々がある。鹿児島から南にある島々は、中国や東南アジアと政治的、経済的、そして漁業に関するつながりがあったので、これら外国の各種文化の影響を受けている面がある。

魚食の歴史と文化

　鹿児島の「かこ（鹿児）」の名は「鹿の子」に由来するとか、「かこ（水手）」で魚を獲る船頭に由来するとか、桜島のゴツゴツした地形に由来するなど諸説がある。これらの諸説の中に水産と関係する地域であることは推察できる。鹿児島の人たちは、火山灰土（シラス）台地と闘って家族を守ってきた強い精神やキリスト教の伝来による新しい精神をもった気質は、マグロ漁業やカツオ漁業を継承してきたと推測できる。

　鹿児島は中国や東南アジアの文化の影響を受けている。関東では「さつま揚げ（薩摩揚げ）」といっている魚肉すり身を形にして油で揚げたものは、鹿児島では「つけ揚げ」といっている。この名は沖縄の揚げ蒲鉾「チキアギー」から由来するといわれている。沖縄では「ツアギー」（「ツキアーギ」ともいう）あるいは「チキアゲ」とも呼んでいる。

　カツオ節の製造にしろ「つけあげ」の製造にしろ、そのルーツは東南アジアにあるとの説があるのは、漁師が東南アジアへ漁に出かけた折に習得したものと思える。

知っておきたい伝統食品・郷土料理

地域の魚介類

鹿児島湾内では、クルマエビ、マダイ、カンパチ、マダコ、キビナゴが生息し、薩摩半島海域ではアオリイカ、ブリ、イセエビ、トビウオが生息し、種子島海域ではキビナゴ、アオリイカ、マサバ、トビウオなどの魚類のほかクルマエビ、トコブシ、アサヒガニが生息している。トカラ列島海域・奄美大島ではカツオ漁が活発であり、奄美諸島の岩礁域ではクルマエビ、イセエビが生息している。

最近注目されている魚介類には、バショウカジキ（秋太郎）、マアジ（あくねの華あじ）、ハモ（志布志のハモ）、カンパチ（海の桜勘）、マダイ（鯛王）、ブリ（鰤王）、ハガツオ（種子島）、トビウオ（種子島）、サバ（屋久島）がある。

伝統食品・郷土料理

①キビナゴ料理

- キビナゴの刺身　冬の理料理。キビナゴを背開きし、菊の花にかたどって盛りつけ、酢味噌で食べる。

②練り製品

- つけあげ（つきあげ、さつま揚げ）　正月や行事につくる。魚のすり身を形にして油で揚げる。原料の魚は、ハモ、エソ、グチ、マアジ、トビウオ、マサバ、サメなどである。関東では「さつま揚げ」、関西では「天ぷら」という。関東（江戸）では幕末の頃、江戸の薩摩藩邸あたりから広まったといわれているが、琉球料理のチキアギが原型（徐々に訛って「つけあげ」になった）といわれている。このチキアギは東南アジアから沖縄や鹿児島の漁師が習得してきたものといわれている。

③カツオ料理

- カツオ節　早春から5月にかけて黒潮にのってカツオが鹿児島の沖に現れる。枕崎・山川では、6月にはカツオ節製造の最盛期に入る。鹿児島で作るカツオ節は薩摩節、屋久島節といわれている。鹿児島県に属する奄美大島でもカツオ節工場が多かったが、近年は、非常に少なくなった。
- カツオの塩辛　カツオ節を作る時にでた内臓を利用してカツオの塩辛をつくる（枕崎）。

- カツオの腹皮料理　カツオ節を作る時に出る腹のところの「砂ずり」を三角形に切り取り、塩干ししたもの。噛み応えがある。酒に浸して塩抜きし、ダイコンと煮るか、焼いてレモン汁・酢をかけて食べる。また、煮出して酢味噌で和えて食べる。
- カツオの煎汁（せんじ）　イロリ、煮とりともいう。カツオ節を作るときの煮る工程で、大釜の底にできる汁を煮つめ、飴状に作ったもの。ややアク味があるが、鹿児島では調味料として使うほか、みそ汁・茶漬け・鍋料理の漬け汁に使う。
- カツオのビンタ(頭)料理　カツオの頭はビンタという。塩茹で、塩蒸し、煮物にする。骨ごとかぶりつくなど野趣に富んだ枕崎地方の料理。
- 生節飯　枕崎地方は、カツオ漁の本拠地である。カツオ節を作る過程での生干しした生節（なまぶし）という。この生節を酢の物・煮物などの素材とする。また、醤油・味醂・酒で調味したタケノコとカツオの生節を一緒に炊き込む鹿児島の郷土料理もある。
- その他　カツオののっぺい汁などがある。

④たい料理
- ころばし煮　マダイを賽の目に切ってゴマ油で炒りつけ、味付けして豆腐を加え、さっと煮る。紅葉おろしを添えて食べる。

⑤かたくち料理
- たれくちなます　獲れたてのカタクチイワシを指で捌き、桜ダイコンのせん切りと酢味噌で和える。

⑥その他
- ワカメ・トビウオ　5月には新ワカメの採集が始まる。屋久島・種子島の沿海にはトビウオの大群が押し寄せる。
- トコブシ　6月にはトコブシの旬となり、アサヒガニも美味しくなる。
- マダイ・スズキ　春から夏に水揚げ量が多くなる。
- 秋に旬の魚　マサバ・バショウカジキ（秋太郎（あきたろう））。
- 冬に旬の魚　ブリ・キビナゴ・マイワシ・アカエイ。イトヨリは吸い物の実にする。大晦日の食卓には塩ブリとサバの刺身がのる。正月にはクルマエビの料理を供する。

肉　食

さつま汁

▼鹿児島市の1世帯当たりの食肉購入量の変化（g）

年度	生鮮肉	牛肉	豚肉	鶏肉	その他の肉
2001	41,542	7,739	14,776	14,928	1,736
2006	43,040	6,061	17,080	15,921	2,571
2011	44,593	6,617	16,850	16,757	1,768

　鹿児島県は、桜島、霧島、開聞岳などの火山が多く、その灰が積もったシラス台地がある。シラス台地は水はけはよいが米作には向かず、サツマイモの栽培が盛んである。サツマイモからいも焼酎は沖縄の泡盛を真似て作ったものである。鹿児島地方の刺身醤油は甘い。甘味のあるものを客へ提供するのは「もてなし」の表れだったようである。

　鹿児島県の農業生産で過半を占めるのが畜産関係である。黒豚の飼育が多いのは、400年ほど前に鹿児島藩主島津が黒豚を鹿児島に導入したことによるといわれている。鹿児島黒牛、かごしま黒豚、茶美豚、さつま地鶏、さつま若シャモ、鶏卵の生産量の多いところである。鹿児島県には、薩摩南諸島、奄美諸島に所属する数々の島嶼がある。それぞれの諸島や島々には、その地域特有の文化がある。奄美大島のように沖縄県に似た風俗・習慣がみられる地域もある。

　鹿児島県の沖合いを流れる黒潮がもたらす気候風土と昔からの薩摩人の気質と知恵から作り上げられた鹿児島の食文化は、鹿児島の黒豚、鹿児島黒牛、鹿児島の黒酢など「黒」のつく食品と食文化が多い。

　九州の東南部の宮崎県は、ウシや鶏の生産の大きいところだが、南端に位置する鹿児島は、ブタの生産量の大きいところである。

　2001年度、2006年度、2011年度の鹿児島市の1世帯当たり生鮮肉購入量には、年度間に大きな差はないが、近年に近づくに伴い増えている。牛肉についても大差はみられないが、鶏肉やその他の肉では、牛肉と同じように近年に近い年度の購入量が多くなっている。

　2001年度、2006年度、2011年度の鹿児島市の1世帯当たり生鮮肉購入

　凡例　生鮮肉、牛肉、豚肉、鶏肉の購入量の出所は総理府発行の「家計調査」による

量に対するそれぞれの食肉購入量の割合は、すべての年度において豚肉（35.6〜39.8％）と鶏肉（34.6〜35.9％）である。豚肉と鶏肉を合わせると、2001年度は71％、2006年度は74.4％、2011年度は73.4％となる。日常使用する食肉は豚肉と鶏肉である、といえるほど多い。

　生鮮肉の購入量に対する牛肉の購入量の割合は14.1〜18.6％でほかの地域に比べると半分の量の年度もある。

知っておきたい牛肉と郷土料理

銘柄牛の種類

　日本では幕末から明治維新にかけて本格的な肉食文化の幕が開けた。当時は、鹿児島のウシは羽島牛・加世田牛・種子島牛だった。これらのウシに鳥取・兵庫などの和牛との掛け合わせにより改良してできたのが「鹿児島黒牛」である。日本の銘柄牛の大半は、黒毛和種か黒毛和種との交雑種が多い。鹿児島牛も黒毛和種の銘柄牛である。

❶鹿児島牛

　黒毛和種の血統にこだわり何十年もかけて黒毛和種の改良に取り組み開発した種雄牛を選抜し、松阪牛や神戸ビーフに次いで第3の評価を得た銘柄牛である。肉質はきめ細かく、美味しい霜降り肉で、コクとうま味がある。

　お薦めのステーキは、レアで焼くと、ナイフの切れもよい軟らかい肉質である。その味はジューシーであり、うま味がじわりと口腔内に広がるとの評価を得ている。

❷口之島牛（くちのしまうし）

　日本で唯一の外来種の影響を受けていない日本の牛。鹿児島郡十島村、トカラ列島、口之島に棲息する。

知っておきたい豚肉と郷土料理

銘柄豚の種類

❶かごしま黒豚

　約400年前に琉球（現在の沖縄）から移入され、改良を重ねて開発した黒豚である。鹿児島県特産のサツマイモを飼料に混ぜて与えて飼育してい

る。肉質は、筋線維が細かくて、口当たりがよく、弾力がある。脂肪組織は甘みとうま味がある。脂肪の融点がやや高いので口腔内でべとつかず、さっぱりとした食感がある。

やや高い脂肪の融点はしゃぶしゃぶに適しているのでお薦め料理である。香辛料をすり込んでつくるベーコンは、1か月以上も熟成させ、黒豚のもつうま味を引き出している。

❷六白黒豚

バークシャー種純粋黒豚のことで、鼻と尾、4本の足先の合計6か所が白いことから「六白」とよばれている。肉質の特徴は白豚に比べて臭みがなく、軟らかいがコクとうま味がある。飼料にはさつまいもも与えているのが特徴で、脂身もほんのりとした甘みがある。初代薩摩藩主・島津家久が江戸時代に、琉球（現在の沖縄）から導入したと伝えられている。

豚肉料理

- **黒豚料理**　しゃぶしゃぶ、軟骨の煮込み、ヒレカツ、ロースかつ、串揚げ、ほほ肉・いちぼ・カルビーの料理、おでん種としての黒豚など、多彩な黒豚料理が提供される。

- **三枚肉**　豚のバラ肉で、脂肪層と肉の層が交互に重なっている。鹿児島や沖縄の角煮には欠かせない部位。醤油、砂糖、みりんで甘辛く煮込んで利用する。

- **豚汁**　豚汁は豚肉とダイコンやサトイモ、ネギなどを加えて煮込んだ味噌仕立ての汁である。鹿児島の人々にとっては心休まる一品である。とん汁定食ではとん汁が惣菜の役目もする。いろいろな食材を加えることにより、出し汁をとらなくても、各材料から溶出する物質がうま味成分ともなり、材料の組み合わせによっては栄養的にバランスのよい汁に仕立てることもできる。

- **しゅんかん（春羹、春筍、筍寒）**　中国原産の孟宗竹は、江戸時代に島津藩により琉球から薩摩に持ち込まれた。明治初期までは珍重品の孟宗竹を中心に、イノシシ肉や豚肉、その他季節の野菜と煮た春の祝いの料理。全体に薄味でそれぞれの素材の味を活かしている。また、客人や主人に、野菜の端をよそわないという。昔は保存用に塩蔵した塩豚を使っていた。

- **豚骨料理**　薩摩の武士が作り始めた豪快な郷土料理。骨付きのあばら肉をフライパンで焦げ目がつくくらい炒め、沸騰しただし汁の鍋に移して2時間ほど煮込む。その後一般にいわれているダイコンや大根や鹿児島名産の桜島大根、こんにゃく、にんじん、さつまいもなどの野菜と、薄切りの生姜等を入れて、火が通ったら味噌と砂糖で味を調える。器に盛り付けた後、針生姜や小口切りしたネギをのせていただく。骨まで食べられるほど軟らかく煮てある。
- **ワンプニ**　奄美地方の郷土料理。骨付きのバラ肉（スペアリブ）などの煮物で、味付けは塩か醤油。
- **豚肉の味噌漬け**　奄美大島など鹿児島県の離島の保存食。離島は海が荒れると魚も獲れず、食料輸送も途絶えてしまう。それに備えていろいろな食材の保存方法が工夫された。豚肉やブタのつらんかわ（顔の皮膚）、耳やレバー、タン。他にはイカやキャベツの芯なども漬けた。本来はソテツの赤い実で作った“なり味噌”で漬けた。

知っておきたい鶏肉と郷土料理

❶黒さつま鶏

　鹿児島県が新たなブランド地鶏として、在来種の地鶏「薩摩地鶏」と「横斑プリマスロック」を交配して誕生した地鶏。肉質は身肉が締まり弾力性があるが軟らかい。アミノ酸類などのうま味成分が多く含まれ、地鶏としては脂肪が多いほうである。飼料には野菜やウニ殻をまぜるなど独自の餌を与えている。飲み水も地下70mのところからくみ上げた水を与えている。

❷赤鶏さつま

　日本で初めての原種鶏を利用した銘柄鶏。飼料には植物性たんぱく質のみを使用している。肉質は、鶏特有の臭みはなく、風味がよい。身肉が締まり歯ごたえもよい。脂肪はきれいな白色である。

鶏料理　鹿児島県の郷土料理の特徴は、正月やその他四季の行事、祝い事には鶏料理は欠かせない。かつては、各家庭で地鶏を飼い、各自の庭で捌いて慶事の料理に使った。もともとは、薩摩藩の役人をもてなす料理として作られたともいわれている。現在は多様な銘柄鶏が普及しているので、地鶏とは限らなくなっている。

- **地鶏の鶏刺し**　鹿児島地鶏の味を楽しむ料理となっている。昔から親し

まれている料理。

- **鶏飯**　奄美大島の郷土料理。蒸した鶏のささみ肉、味付けシイタケ、錦糸卵、ネギ、パパイヤの漬物など様々な具材を丼のご飯に盛り付け、熱々の鶏ガラスープをかける。

- **溶岩焼き**　熱した溶岩の上に鶏肉をのせて焼く。鶏肉の表面はこんがり、内部はふっくらとジューシーに加熱される。

- **地鶏の煮つけ**　おなん講の際に作られた行事食。11月の丑の日に行われる"おなん講"は、日ごろの女性たちの苦労への感謝と、豊作を祈る行事。この日、男衆は朝から地鶏の煮つけや子宝を願う里芋料理を準備し、女装して女性たちを接待する、江戸時代から続く伝統行事。

知っておきたいその他の肉と郷土料理・ジビエ料理

　鹿児島県も野生の鳥獣類による被害の防止対策は検討しているが、渡り鳥の来る場所であるので、渡り鳥の保護、鳥のヒナの保護にも対策を検討し、県民にいろいろなお願いをしている。イノシシ、シカ、サルなどによる被害防止対策には苦慮している。

　鹿児島県は、他県に比べればジビエ料理を提供する店は少ない。

　イノシシやシカが増えすぎ田畑や民家に害を与えるようになったので、生息数調整のために捕獲し調整している。捕獲したものは衛生的に処理し、猟師料理やレストランの料理として提供している。

地　鶏

▼鹿児島市 1 世帯当たり年間鶏肉・鶏卵購入量

種　類	生鮮肉（g）	鶏肉（g）	やきとり（円）	鶏卵（g）
2000 年	42,314	14,972	2,285	35,312
2005 年	41,900	15,622	1,758	29,618
2010 年	44,282	16,935	1,728	30,623

　鹿児島県の農業は桜島の火山灰の影響を受けるが、農業は漁業とともに重要な役割を持っている。農業生産の過半数は、畜産業の生産高である。宮崎県と同様に鹿児島の畜産業は日本の畜産業の中でも重要な位置にある。鹿児島黒牛、かごしま黒豚、茶美豚（チャーミートン）、さつま地鶏、さつま若しゃもなどのブランドものはよく知られている。鶏肉や鶏卵の生産も盛んである。

　地鶏・銘柄鶏にはブロイラー、赤鶏クロックロゼ、桜島どり、桜島どりゴールド、薩摩味鶏、さつま若しゃも、黒さつま鶏、薩摩ハーブ悠然どり、健康咲鶏、安心咲鶏、さつま地鶏、赤鶏さつま、南国元気鶏などがある。

　2000年、2005年、2010年の鹿児島市の 1 世帯当たりの鶏肉・生鮮肉の購入量は九州圏外の都道府県の県庁所在地の購入量と比較すると多いが、九州圏内では少ないほうである。町の肉屋やスーパーで買うのは、町で生活している人で、農家などは自宅で飼育していて、鶏肉を利用するが家計調査の対象にならない場合も多いと思う。

知っておきたい鶏肉、卵を使った料理

● **鶏飯**　奄美大島に江戸時代から伝わる代表的な郷土料理。薩摩藩のお役人の視察の際の“おもてなし”料理として考案、鶏がらスープで煮た地鶏肉や野菜、きのこを薄くスライスしてご飯の上に載せ、さらに錦糸卵や特産のパパイヤの漬物などを載せ、スープを掛けて食べる郷土料理。昔は炊き込みご飯だった。トッピングには、地元のパパイヤ漬けや刻み海苔、紅しょうがを使う。

- **鶏刺し、鶏わさ、鶏のたたき**　鹿児島県のみならず、宮崎県でも食されている。
- **さつま汁**　鹿児島を代表する郷土料理。味噌味で、ぶつ切りの骨付き鶏もも肉やさつまいも、大根、にんじん、油揚げ、ごぼうなどを煮る。豚汁風の鶏料理。鹿児島原産の“薩摩鶏”は、江戸時代に闘鶏用として品種改良された。この闘鶏では鶏の脚に鋭い剣をつけて行うので、負けた“薩摩鶏”を料理したのが始まりといわれている。

卵を使った菓子

- **さつまどりサブレ**　1919（大正8）年創業の風月堂が作る銘菓。小麦粉に地元の新鮮鶏卵、霧島のバター、砂糖、天然水で焼き上げたサックリとしたサブレ。第25回全国菓子大博覧会「名誉総裁賞」受賞。“薩摩鶏”は、鹿児島原産の大型の地鶏で肉質の良いことで知られている。天然記念物に指定されている。薩摩藩は戦の要の兵士のために、携帯しやすく日持ちのする兵糧の開発に力を入れていた。そこで生まれたのがサブレやビスケットといった焼き菓子だと伝わっている。

地　鶏

- **さつま若しゃも**　体重：平均2,600g。鹿児島県原産の天然記念物の“薩摩鶏”の雄に白色プリマスロックの雌を交配。専用飼料を給与して、平飼いで平均80日以上飼育。鹿児島くみあいチキンフーズが生産する。
- **黒さつま鶏**　体重：雄平均2,800g、雌平均2,600g。「黒豚」「黒牛」に次ぐ“鹿児島の新しい「黒」”として、県の畜産試験場が開発。鹿児島原産の天然記念物の“薩摩鶏”の雄に“横斑プリマスロック”を交配。水分が少なくしまりがあり、繊維が細かい肉質が特徴。弾力がありつつもやわらかい食感が楽しめる。旨味成分のアミノ酸も多く含み脂の乗りもよくジューシー。平飼いで飼養期間は平均105日と長い。鹿児島県地鶏振興協議会が生産する。
- **さつま地鶏**　体重：雄平均2,600g、雌平均2,300g。県の畜産試験場で平成2年から天然記念物の“薩摩鶏”と“ロードアイランドレッド”を掛け合わせて作出した。肉は食味をそそる赤みが強く、飼育期間も長いため旨味成分を多く含み、甘味にも似た滋味がある。また、低脂肪で水分

が少なくきめが細かいのでやわらかさの中にも適度な歯ごたえを楽しむことができる。平飼いで飼養期間は平均135日と長い。平成17年の「地鶏・銘柄鶏コンテスト最優秀賞」受賞。鹿児島県地鶏振興協議会が生産する。

銘柄鶏

- **桜島どり**　体重：雄平均2,800g。"農場から食卓まで"を理念に、「種鶏」、「孵卵」、「肥育」、「処理」、「加工」までを一貫生産管理した鹿児島県産の鶏肉。平飼いで専用飼料を給与して53日間飼養する。白色コーニッシュの雄に白色プリマスロックの雌を交配。ISO取得企業のジャパンファームが生産する。コンビニエンスストアの"ふるさとのうまいシリーズ"に「桜島どりの溶岩焼きあがったもんせ弁当」が採用された。溶岩焼きのむね肉と柚子コショウの相性が良い。

- **桜島どりゴールド**　体重：雄平均2,800g。"桜島どり"と同様に一貫生産体制を基本として、さらに美味しさと風味を追求するために、飼料に"海と山のハーブ"の「活性めかぶ」とハーブ、お茶、ビタミンEを加えたハイグレードな鶏肉。脂肪分が少なく、赤みが強く、皮が薄く、低コレステロール。平飼いで専用飼料を給与して53日間飼養する。白色コーニッシュの雄に白色プリマスロックの雌を交配。ISO取得企業のジャパンファームが生産する。

- **薩摩ハーブ悠然どり**　体重：雄平均2,800g。飼料製造から鶏の飼養、食鳥処理まで一貫した生産体制、管理体制の中で生産した安心できる安全な鶏肉。ビタミンEが豊富。鶏種はチャンキーやコブ。平飼いで飼養期間は平均53日。アクシーズが生産する。

- **赤鶏さつま**　体重：平均2,900g。麦を加えた植物性たんぱく質のみの飼料を給与。鶏特有の臭いがなくシャキッとした歯ごたえがあり風味が良い。平飼いで飼養期間は平均65日。赤色コーニッシュの雄に白色プリマスロックの雌を交配。赤鶏農業協同組合が生産する。

- **南国元気鶏**　体重：平均2,900g。「より安全な鶏肉」として、「ひな」から「飼料」、「食鳥処理」までをグループ内で一貫体制の衛生、品質管理で作り、すべての飼育期間は無薬飼料で育てた。安心、安全で美味しい鶏肉。飼養期間は平均50日。鶏種はチャンキー、コブ。マルイ農業協

同組合が生産する。

たまご

- **烏骨鶏のたまご**　烏骨鶏は古くから中国では薬鶏として珍重されてきた。滋養に富んだこの烏骨鶏の卵を一人でも多くの人に愛用いただけるように40年ほど前に生産を開始した。鶏の健康と卵の質を考えた独自の飼料を与えて自社農場で育て続けている。マルヒが生産する。
- **藤姫**　川辺町藤野原大地の自然の中で黒糖を加えた純植物性の飼料で育てた鶏が産んだ卵。元気に育った親鶏から産まれた安心卵。ビタミンEが豊富。「かごしまの農林水産物認定」商品。ココ・ファームが生産する。

> **県鳥**
>
> ルリカケス（カラス科）　留鳥、英名は Lidth's Jay。Jay は鳴き声の " ジェー " より。奄美大島の山地だけに棲息する貴重な鳥。背、肩、胸が赤茶色で頭、翼、尾羽が瑠璃色の美しい鳥。

汁　物

汁物と地域の食文化

　日本列島の最南端に位置する鹿児島県は、徳之島、奄美大島などのトカラ列島の島嶼群も含む。各島によって郷土料理にいろいろな特徴があり、九州本土の鹿児島の郷土料理と比較することは難しいところもある。

　鹿児島県は、桜島の火山灰に見舞われ、農作物の栽培に適したところは少ない。また、台風の通り道なので台風の被害を受けないように苦労が多い地域である。鹿児島は、中国から琉球（現在の沖縄）を経て導入された文化、東南アジアから琉球を経て導入された文化の影響を受けているところが多い。鹿児島の郷土料理には沖縄の郷土料理と同じように豚肉の料理が目立つ。かつお節は日本独特の加工品かと思われていたが、原型は東南アジアに存在し、薩摩揚げのルーツも東南アジアに存在していた。

　稲作に適さないため、大豆、イモ類を外国から導入し、郷土料理の食材としているものも多い。また、鹿児島の農作物として知られている桜島ダイコンを利用した郷土料理の煮物や汁物の種類が多い。中国、沖縄（琉球）から渡来した食文化の影響は、豚肉料理に反映している。

　お盆の「お聖霊」のために作る「かいのこ汁」は、季節の野菜をふんだんに加えた味噌汁である。鹿児島の料理は薩摩料理ともいわれ、総体的には武骨であり、甘味があり、味噌味の料理が多い。「さつま汁」は、薩摩藩士の士気を高めるために作られた汁物である。野営料理で、闘鶏で負けたニワトリを使ったのがルーツのようである。

汁物の種類と特色

　鹿児島県を代表する郷土料理の「さつま汁」は、骨付きの鶏のぶつ切りと野菜類の味噌仕立ての汁物であるが、後に鶏肉が豚肉に替わった。鹿児島以外の地域では練り製品を使う。

　鹿児島県の郷土料理は、素朴で豪華に見えるものが多い。「集汁」は「あ

つも汁」ともいい、ダイコン・ゴボウ・シイタケ・豆腐・油揚げ・つみれなどのいろいろな材料を集めた味噌仕立ての汁物であるが、マダイを使い豪華な汁物に仕上げることもある。鹿児島県の枕崎はカツオが水揚げされ、かつお節の生産地である。同時に、カツオ料理が多い。かつお節の製造過程で大釜の底にできる汁を煮詰めて飴状にしたものを「カツオの煎汁」といい、味噌汁や鍋料理の調味料として使われた。ダシの素や市販の使いやすいかつお節だし（液体や粉末）の原料ともなっている。

　塩蔵してある豚肉の塩抜きしたものを軟らかく煮て、素麺（乾麺のまま）を入れて煮た「豚のちぐむ汁」のように、ブタの飼育の盛んな地域での汁物がある。ヤギの骨肉を長時間煮詰めてつくる「ひんじゃ汁」は、奄美地方の郷土料理である。サバ、豆腐、ジャガイモ、サトイモで作るつみれと、ダイコンやニンジンなどの野菜を大鍋で煮る「ちりかまぼこ」は川辺郡の郷土の汁物である。野菜類を煮た汁の中にそば粉を入れた精進料理は「そば汁」という汁物である。鹿児島の野菜の"いとううり"の「いとうりのそうめん汁」、桜島ダイコンを入れる「鹿児島ダイコン汁」や「サトイモ汁」がある。

食塩・醤油・味噌の特徴

❶食塩の特徴

　こしき列島やトカラ列島の島々で汲みあげた海水から塩作りを営んでいる。「子宝の温泉塩」「渚のあま塩」「宝の塩」「ヨロン島の塩」などがある。

❷醤油・味噌の特徴

　醤油の醸造期間は約1か月と短い。アミノ酸や甘味料を加え、鹿児島の人の嗜好にあった甘口醤油に仕上げる。味噌の主流は麦味噌で田舎味噌といわれることもある。惣菜として用意されるものに「黒豚みそ」という調味味噌がある。

1992年度・2012年度の食塩・醤油・味噌の購入量

▼鹿児島市の1世帯当たり食塩・醤油・味噌購入量（1992年度・2012年度）

年度	食塩（g）	醤油（mℓ）	味噌（g）
1992	2,512	12,145	9,571
2012	1,944	7,119	5,724

▼上記の1992年度購入量に対する2012年度購入量の割合（%）

食塩	醤油	味噌
77.4	58.6	59.8

　鹿児島市の1世帯当たりの醤油購入量は1992年度も2012年度も、九州地方の県庁所在地の中では多い。郷土料理の豚肉の角煮やカツオの料理など、醤油を使う料理は家庭でつくられるからと思われる。

　しかし、1992年度の購入量に対する2012年度の購入量は約60％であることから、家庭で醤油や味噌を使った家庭料理をつくる機会が少なくなったとか、高齢者の多い家族構成のために家庭での食事づくりが少なくなったからと考えられる。

地域の主な食材と汁物

　桜島の噴火による火山灰性土壌は稲作に向いていないので、農業は畑作が中心である。サツマイモやソラマメの生産量は全国で常に上位を占めている。中国から琉球（沖縄）を経て鹿児島に伝来した豚肉文化は、鹿児島県の畜産業を発展させたきっかけとなっていたと思われる。

　長い海岸線をもち、沿岸や南方の島嶼近海を黒潮が流れる海域は、漁業条件に恵まれている。

主な食材

❶伝統野菜・地野菜

　桜島ダイコン、国分ダイコン、開聞岳ダイコン、城内ダイコン、横川ダイコン、有良ダイコン、古志ダイコン、小野津ダイコン、夏ネギ、与論カボチャ、小ナス、白ナス、へちま、隼人ウリ、サツマイモ（隼人イモ、山川紫、安納紅など）、そろやむ（山芋）、といもがら（蓮イモの仲間）、みがしき（里芋の仲間）、かわひこ（里芋の仲間）、雷えんどう、オランダ

えんどう、ふうまめ（ソラマメ）、ニンニク、フダンソウ

❷主な水揚げ魚介類

カツオ、マグロ、サバ、イカ、ブリ、アジ、イワシ、トビウオ、キビナ
ゴ、養殖物（ヒラメ、ウナギ、クルマエビ、マダイ、ノリ）

❸食肉類

鹿児島黒牛、かごしま黒豚、茶美豚（チャーミートン）、さつま地鶏、
さつま若シャモ

主な汁物と材料（具材）

汁　物	野菜類	粉物、豆類	魚介類、その他
ひんじゃ汁	ダイコン、ニンジン、ネギ		ヤギ肉、塩
豚のちぐむ汁		そうめん	豚足、味噌
ちぎりかまぼこ	ジャガイモ、サトイモ、ダイコン、ニンジン、フダンソウ	豆腐	サバまたはイワシ、調味（砂糖／塩／醤油）
かっのこんおっけ	ゴボウ、サトイモ生茎、ダイコン、ニンジン、ナス	大豆、油揚げ	コンニャク、味噌
そば汁	サトイモ、ダイコン、ニンジン、シイタケ	そば粉	醤油
そうめんうり汁	ソウメンウリ		麺つゆ
かいこの汁	シイタケ、ゴボウ、ナス、西洋カボチャ、サトイモ、いもがら	大豆	麦味噌
桜島大根さつま汁（さつま汁）	桜島大根、ニンジン、もやし、シイタケ、刻みネギ	厚揚げ	コンニャク、だし汁、麦味噌、骨付き鶏肉
里芋汁	サトイモ		味噌汁または醤油の澄まし汁

郷土料理としての主な汁物

- **豚のちぐむ汁**　豚のちぐむ（ブタが地を踏む足の部分の意味）のだし汁
料理。足の部分は塩漬けしてあるので、塩抜きをして使う。足を煎じる
ようにして煮る。身が軟らかくなったら味噌仕立てにし、素麺を入れる。

足の部分は肉が少ないから、骨のだし汁を堪能する郷土料理。

- **ひんじゃ汁**　ヤギの骨肉を長時間煮込み、ダイコン、ニンジン、ネギを入れ、塩味で食する。かつては、ヤギの肉は体に良いということで利用していたが、解体による臭気が嫌われ、特別の日にしかヤギ料理はしない。

- **ちぎりかまぼこ**　「ちぎり」は関東では薩摩揚げのこと。「沖縄ではちきあげ」に由来する名前。サバのすり身に豆腐、砂糖を加えてさらに軟らかくし、団子状に丸めて油で揚げる。ダイコン、サトイモニンジン、フダンソウなど季節の野菜を大きな鍋醤油味の汁に入れて煮て、この中にサバのすり身を入れる。

- **かっのこんおっけ**　「かっのこんおっけ」は、「材料がたくさん入った汁」の意味。材料は大豆と季節の野菜を使う。水戻しした大豆やゴボウ、ダイコン、ニンジン、その他数々の野菜、油揚げ、コンニャクなどを入れた、味噌仕立ての具だくさんの汁物。

- **そば汁**　大鍋にサトイモ、ニンジン、タケノコなどの季節の野菜を醤油味で煮ておく。この中にそま粉（そば粉）を水で溶いて団子にしたものを入れ、箸でちぎりながら食する。

- **さつま汁**　薩摩鶏を骨付きのままぶつ切りにし、味噌味で煮込む薩摩武士の野営料理だった。鶏肉、桜島大根、ニンジン、ゴボウ、その他の野菜を入れて煮込み、麦味噌味に仕立てる。後に、鶏肉は豚肉に替わっている。島津藩政時代には、武士の士気を高めるための娯楽として闘鶏が行われた。負けた鶏を汁にしたのがさつま汁。

- **かいこの汁**　盆の「御精霊」にご馳走として供えた白粥の添え物。季節の野菜をたくさん入れた味噌汁。

伝統調味料

地域の特性

▼鹿児島市の1世帯当たりの調味料の購入量の変化

年　度	食塩（g）	醤油（ml）	味噌（g）	酢（ml）
1988	5,179	19,379	12,584	3,935
2000	2,627	8,966	7,420	3,966
2010	1,736	6,647	6,889	3,614

　鹿児島の伝統野菜では桜島ダイコンが有名である。煮物・漬物に利用される。地元ではデコンという。桜島の火山灰土壌に適したダイコンで、大きいもは30kgにも達する。江戸時代中期の文政年間（1818〜29）に栽培が始まったと伝えられている。甘味があり軟らかく筋がないので煮付けに適している。味噌漬けや輪切りを酒粕・みりんに漬けた「さつま漬け」がある。桜島ダイコンの味噌漬けの漬け床は、味噌、醤油、食塩、食酢、香辛料、酒などで調味したものが使われている。味噌にはダイズ味噌や麦味噌が使われている。現在は通販で全国的に流通しているようである。

　鹿児島の「壷漬け」は干したダイコンを塩もみして、壷の中に入れて塩漬けしたもので、「山川漬け」ともいわれる。南薩摩地方に伝えられている壷漬けで、漬け汁には沖縄の泡盛を加えるのが特徴である。鹿児島をはじめ九州地方の冬は、ダイコンを乾燥するのに適した気候・湿度らしく、雪の多い新潟地方の沢庵メーカーの原料には鹿児島で干したダイコンが使われている。

　鹿児島県の枕崎は、カツオの漁業基地であり、「枕崎節」の名で流通しているカツオ節の生産地でもある。鹿児島県で作られるカツオ節は薩摩節といわれるが、京都の料理店の中には、とくに枕崎産のカツオ節を指定して使用しているところが多い。枕崎では、マグロ節を製造している会社もあり、京都の料理店にはそのマグロ節を利用している店もある。

鹿児島にはカツオの郷土料理が多い。代表的なものに「カツオの塩辛」「カツオのいろり」「カツオの腹皮料理」「カツオのびんた（頭料理）」など素朴な料理が多い。カツオ節の本拠地の枕崎は、静岡についでカツオの水揚げ量が多く、カツオ節の生産量は全国一となっている。枕崎で作るカツオ節には、2回カビ付けの「青枯れ節」と、4回カビ付けの「本枯れ節」を作っている。鹿児島でも屋久島で作られるものは屋久島節といわれている。かつては、奄美大島やその周辺の離島でも作っていた跡があるし、奄美大島にはほそぼそと作っている工場もあった。

　大和朝廷の時代は、たくさんのカツオが漁獲された。大和朝廷はカツオの水揚げ地の住民に干しカツオとともに、鰹魚煎汁（カツオを頭から割り、煮出しでつくったもの）を強制的に献納する割り当てをしたこともあった。カツオ節のルーツはこのカツオのイロリにあるといわれている。今も鹿児島では、イロリ（「煮取り」ともいう）が利用されている。カツオ節を作るとき、煮る工程で大釜の底にできる汁を煮詰め、飴状のものを作る。少しアクがあるが、たんぱく質の分解物のうま味のあるアミノ酸が多く含んでいることから、鹿児島では調味料として、みそ汁・茶漬け・鍋物のつけ汁に利用している。カツオを半干しにした生節は、酢の物・煮物などの材料とし、カツオの味を賞味するいろいろな料理が工夫されている。醤油・みりん・酒で調味したタケノコとカツオの生節を混ぜた炊き込みご飯は鹿児島の郷土料理となっている。

　鹿児島の郷土料理の「薩摩汁」は、骨付きのままぶつ切りして味噌で煮込んだ薩摩武士の野営料理で、闘鶏に負けた鶏を使う料理であった。現在は黒豚の肉に代わっている。鶏肉（豚肉）・桜島ダイコン・ニンジン・ゴボウ・サトイモ・シイタケ・ネギ・コンニャク・油揚げを煮込み、塩分の少ない甘味のある麦味噌仕立てにしたものである。

　「家庭調査」をみると、醤油や味噌、砂糖の1世帯当たりの購入量が、九州地方の他の県より少ないのは、暖かい気候も関係しているように推測される。

知っておきたい郷土の調味料

　鹿児島の南方には、大隅諸島、トカラ列島、奄美諸島などの島嶼をかかえている。鹿児島県は製塩に適した長い海岸線をもっているので、今でも

塩づくりが行われている。また、黒豚の飼育で有名であり、豚肉を美味しく食べる調味料もいろいろ工夫されている。南方の島嶼では砂糖の原料となるサトウキビの生産量が多いので、これら島嶼の名のついた黒糖が市販されている。

醤油・味噌

鹿児島の人々は甘い刺身醤油を好む。この甘さは砂糖に由来する。砂糖を加えて甘くするのは客に対するもてなしの心から生まれた醤油であるとの説や、鹿児島の醤油が甘いのは、甘い醤油を客に提供するのは、自分の生活は貧弱でないことをアピールするためとの説もある。

- **鹿児島県の味噌・醤油**　九州のほとんどの地域が麦味噌・甘口醤油である。麦味噌は国産大豆、国産麦を使う。麦味噌とは、麦麹を使用した味噌のことである。味噌の原料に対する麹の占める割合が多いので甘い味噌になる。熟成期間は約1カ月なので、味噌の色はきれいな黄色を示している。甘口醤油は、アミノ酸液や甘味料を加えて、九州の人の好みに調節する。麦味噌は「田舎味噌」の名で表示されていることがあるから、インターネットで購入するときに注意すること。
- **黒豚みそ**　鹿児島特産の黒豚の肉に、味噌、みりん、砂糖などを加えて作った鹿児島の伝統的常備食品である。常に食卓に用意しておいて、野菜に付ける調味料やおかずとして利用する。
- **その他の醤油関連商品**　万能つゆ、うま甘露などがある。基本的には甘口醤油を原料としたものである。

食塩

- **鹿児島の塩の歴史**　南九州海岸、鹿児島湾岸、南西諸島などで小規模な塩田をつくり、製塩が行われていた。現在は、南西諸島の種子島・屋久島・奄美大島で、入浜式塩田で製塩が行われている。
- **子宝の温泉塩**　小宝島の海岸の海水を取水して平釜で加熱製塩をしている（(有)小林工房）。
- **還元力のあるこしき塩**　東シナ海に浮かぶ、こしき列島の海水で作る塩（潮の会）。
- **渚のあま塩**　鹿児島の吹上浜の沖合いの海水で作る塩（吹上浜天然塩の

会）。

- **とうとがなし**　奄美大島の太平洋に面した海域の海水を原料とした塩（㈱ばしゃ山）。
- **宝の塩**　宝島の沖合いの海水を原料とした塩（宝島塩の会）。
- **宝島の塩**　宝島（トカラ列島）の沖合いの海水を原料とした塩（宝島の塩）。
- **ヨロン島の塩 じねん**　ヨロン島周辺の海水を原料として作る塩（㈱ヨロン島）。
- **徳の塩**　徳之島の天城町の沖合いから取水した海水を原料として作る塩（あまぎ食品）。
- **カケロマの塩**　加計呂麻島の瀬戸内町の沖合いから取水した海水で作る塩（カケロマ塩技研）。

食酢

- **黒酢**　鹿児島の黒酢は、米を原料とし、長時間アマン壺に入れて発酵・熟成させた食酢である。壺の中で発酵・熟成させるから壺酢（つぼす）ともいわれている。長時間の発酵と熟成により糖とアミノ酸によるアミノカルボニル反応により褐色となる。各種アミノ酸やミネラルが豊富であることで、健康の面から注目されている。
- **ピリ辛きび酢**　サトウキビを原料とした食酢に、島唐辛子を漬け込んだもの。奄美大島の南に位置する加計呂麻（カケロマ）島の調味料。冷やし中華、天ぷら、フライの調味料によい。

砂糖

- **黒糖**　黒糖は沖縄の土産品のように流通しているが、鹿児島の喜界島の黒砂糖も流通している（関東でもデパート翡翠亭（本社は倉敷）で販売している）。

郷土料理と調味料

- **豚骨料理**　鹿児島の郷土料理の中で最も豪快な料理が豚骨料理。黒豚の骨付き肉を大なべに入れ、黒砂糖・焼酎・味噌で調味し、長時間、とろりとなるまで煮込む。

- **つけあげ（つきあげ、さつま揚げ）**　古くから島津藩政の頃から食べられていた魚の魚肉練り製品。もともとは琉球（沖縄）料理で、魚肉すり身を油で揚げたものでチキアギといわれていたのが、鹿児島に渡って、徐々に訛って「つけあげ」となった。
- **豚骨料理・鶏肉刺身**　鹿児島の醤油は甘く、カツオなどの魚の刺身を食べるときには、やや抵抗を感じるが、鹿児島の伝統料理の鶏肉の刺身、とんこつ料理は甘い醤油のほうがしっくりしたうま味を感じる。
- **旅行者向けの調味料**　鹿児島の醤油・味噌醸造会社は、旅行者用に甘口醤油、かつおぶしだし醤油、麦味噌、しょうゆもろみを用意している。

発 酵

芋焼酎

◆地域の特色

本土と呼ばれる薩摩・大隅地方、離島と呼ばれる種子島・屋久島地方および奄美地方に分かれる。本土の大部分はシラス台地の地質からなっており、水はけがよい。また、低地や平野が極端に少ないために、県内のほとんどの市町村は周囲が山に囲まれている。島数は605あり、最北端は獅子島、最南端は与論島である。南北の距離は600km、海岸線は2722kmにおよぶ。本土、島嶼部を合わせた県域全体の面積は西日本で最大である。桜島をはじめ、噴火活動の頻度の高い火山が多くある。温泉の数も多く、泉源数は約2730で、大分県に次いで全国2位である。

南北の距離が600kmにおよぶことから、奄美群島のような亜熱帯地域から、伊佐市などの積雪地域も存在する。県本土は冬は温暖で、夏は日照時間も多いが降水量も多い。真夏日は長い期間続くが、猛暑日はそれほど多くない。南国のイメージが強いが、薩摩半島は東シナ海に面するため、大陸からの寒気の影響を受けやすく、冬は厳しい寒さとなることがある。

日本有数の農業県である。農業産出額は2018（平成30）年度の統計で全国2位、九州では1位である。主要な産地となっている農産物としてサツマイモ、サヤインゲン、茶などがある。

伝統的に焼酎製造が盛んで県内の酒造業者はほぼ焼酎を中心商品としている。静岡県と並んで鰹節の生産が盛んであり、特に枕崎市の特産物として知られている。大隅地方ではウナギの養殖が盛んで、ウナギの生産量は全国1位である。

◆発酵の歴史と文化

日本の焼酎の歴史に関する最も古い文献は、1546（天文15）年、ポルトガルの商人ジョルジェ・アルヴァレスが薩摩半島南端の指宿市山川に半年間滞在し、フランシスコ・ザビエルに生活様式などを詳細に報告した「日

本の諸事情に関する報告」である。この報告書の中に「飲み物として、米から作るオラーカ」のことが記されている。オラーカはポルトガル語で蒸留酒を意味することから、米焼酎が飲まれていたことがわかる。

　また、1954（昭和29）年、伊佐市にある郡山八幡神社で「その時座主ハ大キナこすてをちやりて一度も焼酎ヲ不被下候 何共めいわくな事哉 永禄二歳八月十一日 作次郎 鶴田助太郎」と墨で書かれた棟木札が発見された。棟木札は、建物の上棟のとき、上棟年月日や施主、施工者などを記して棟木に飾る板のことである。これは、1559（永禄2）年に神社改修にあたった大工棟梁の助太郎と弟子の作次郎の二人が、「依頼主である座主が大変けちんぼうで一度も焼酎を飲ませてくれなかった、なんとも迷惑なことだ」と落書きをしたものである。焼酎の文字が書かれた現存する最古のものである。この時代にはすでに焼酎という文字が使われていたことがわかる。

　当時、鹿児島は水田稲作に不向きなシラス台地が広がり、台風の被害が大きいことなどから、日本酒造りに向かない地域であった。米は貴重であり、各家庭では米や雑穀などで仕込んだ醪を発酵させ蒸留した焼酎が造られていた。

　中南米原産のサツマイモは、18世紀になりフィリピンから中国、琉球を経て日本に伝わったといわれている。薩摩では、カライモと呼ばれていた。以降、サツマイモの栽培が盛んになると、サツマイモと米麹で醪を造り蒸留して芋焼酎造りが発達した。イモが主流になるのは、1705（宝永2）年に薩摩藩の前田利右衛門が沖縄からサツマイモを持ち帰り広めたことにより、芋焼酎造りが始まったとされている。

　幕末の名君として名高い薩摩藩第11代藩主島津斉彬は、「芋焼酎の育ての親」といわれている。軍備の近代化を進めるにあたり、それまで日本で使われていた火縄銃から、雨天でも発砲できる雷汞という砲弾を製造できるように事業を進めた。雷汞には米を原料とした工業用のアルコールが使われていたが、米に代わり安価なサツマイモを使ってアルコールを大量生産しようと思い立った。そのとき、「余まったアルコールは薩摩の特産品にせよ」と命じたという。こうして芋焼酎の品質は向上し、庶民の酒として定着したといわれている。

◆主な発酵食品

醤油　九州の醤油は一般に甘口であるが、南に行くほど甘くなるといわれている。鹿児島の醤油は標準的な濃口醤油に比べ塩分が少なく、砂糖などの甘味料が添加されたものも多いため、かなり甘口のものが多い。鹿児島で一番甘い醤油といわれるヒシク藤安醸造（鹿児島市）のほか、キンコー醤油（鹿児島市）、丁子屋（鹿児島市）などで造られている。

味噌　薩摩味噌は、麦麹と大豆から造られる麦味噌で、淡色〜赤色の甘口味噌であり、麦麹の香りと麦粒が残っているのが特徴である。郷土料理の薩摩汁には、この薩摩味噌が使われる。横山味噌醤油醸造店（鹿児島市）、はつゆき屋（日置市）などで造られている。

蘇鉄味噌　奄美群島で生産されているソテツの実から取ったデンプンと玄米、大豆を原料にした味噌である。ソテツの実には有毒成分（サイカシン）が含まれるが、水に晒すか加熱により分解・除去されるため、発酵された蘇鉄味噌は無毒である。

日本酒　県内には日本酒の蔵はなかったが、最近、濵田酒造（いちき串木野市）で生産されるようになった。

薩摩地酒　日本酒と同様にして仕込み、醪を搾る前に、保存性を高めるために醪に灰汁を入れるという灰持酒の一種である。甘みが強く赤褐色を帯びている。鹿児島では、祝の席での酒として昔から愛され、正月のお屠蘇、お神酒、お祝い事の席などの飲用に供される。料理酒としても多く用いられ、「薩摩の酒ずし」「さつますもじ」「さつまあげ」など、鹿児島の郷土料理には欠かせない調味料である。本坊酒造津貫工場（南さつま市）、東酒造（鹿児島市）などで造られている。

芋焼酎　江戸時代から鹿児島で栽培されているサツマイモを原料とした焼酎である。伝統的な製法は、白麹菌を使った米麹とサツマイモを原料として発酵させ、単式蒸留したものである。20年ほど前から、麹もサツマイモを使ったサツマイモ100％焼酎が発売されている。鹿児島で生産される薩摩焼酎は、2005（平成17）年にその伝統と製法が認められ、国の地理的表示（GI）に登録された。さつま無双（鹿児島市）、小正醸造（日置市）、薩摩酒造（枕崎市）、田苑酒造（薩摩川内市）、市山元酒造（薩摩川内市）、濵田酒造（いちき串木野市）、森伊蔵酒造（垂水市）、本坊酒造（南九州市）、大口酒造（伊佐市）、小鹿酒造（鹿屋市）など約90の蒸留所がある。

黒糖焼酎 日本で唯一、奄美群島だけで造られている黒糖を原料とした、甘い香りと米麹のまろやかな旨みのある焼酎である。町田酒造（大島郡）、奄美大島酒造（大島郡）、喜界島酒造（大島郡）、沖永良部酒造（大島郡）など27の蔵元がある。

ウイスキー 南さつま市に本土最南端のウイスキー蒸溜所「マルス津貫蒸溜所」が、日置市に小正醸造嘉之助蒸溜所がある。

福山酢（ふくやますす） 霧島市福山町および隼人町で製造されている黒酢である。壺酢とも呼ばれる。2015（平成27）年に国の地理的表示（GI）として登録された。屋外に並べた壺の中で発酵・熟成させる独特な製法が特徴となっている。屋外に置いた薩摩焼の三斗壺（容積54ℓ）に、蒸し米（6kg）、米麹（3.5kg）、水（35ℓ）、老麹（0.5kg）を入れて仕込む。仕込みから1〜2カ月の間は、蒸し米のデンプンの糖化とアルコール発酵が並行して進む。生成したアルコールは酢酸菌により酢酸に変換される。坂元醸造（鹿児島市）などで造られている。歴史的に日本酒製造が困難だった地域のため、一般的な米酢造りは発達せず、中国大陸から伝わったと考えられる黒酢の醸造が発達した。

つぼ漬け 干し大根を壺で塩漬けにしてから、調味醤油で味付けした南九州の伝統的な漬物である。山川町（現・指宿市）付近で作られていたので山川漬けともいう。

桜島大根の粕漬け 平均の重さは6kgと世界一大きなダイコンを輪切りにして酒粕に漬けたもので、サクサクした食感と濃厚な香りが特徴である。直径の大きな千枚漬けとして作られている。

パパイア漬け パパイアの未熟な果肉を塩漬けした後、味噌や醤油などの調味料で味付けした漬物である。主に奄美群島で作られている。

酒ずし（さけ） 鹿児島で作られている郷土料理である。桶に酒で味付けされた飯とさまざまな山の幸、海の幸を盛り発酵させた豪華なすしである。押しずしのようにみえるが、酢の代わりに鹿児島特産の「地酒（灰持酒）」が使われているのが特徴である。

鰹節（かつお） 薩摩半島の南端に位置し、日本有数のカツオの水揚げを誇る枕崎は鰹節製造の古い歴史があり、鰹節生産量日本一を誇る港町である。丸俊（枕崎市）、マルモ（枕崎市）、カネニニシ（指宿市）などで作ら

れている。

酒盗（カツオの塩辛） 酒盗の原料はカツオの内臓のみ（塩辛には身も含まれる）を使用し、約1年熟成・発酵をしたものである。枕崎港周辺で作られる。

◆発酵食品を使った郷土料理など

豚骨料理 薩摩藩の武士たちが戦場や狩場で作ったのが始まりとされる郷土料理である。豚のばら肉（三枚肉）やアバラの骨付き肉をブツ切りにしたものを鍋へ入れ、味付けに黒砂糖や味噌、ショウガ、そして焼酎を加え、弱火で2〜3時間煮込む。さらに、残った汁にはこんにゃくや桜島大根を入れて煮込み、付け合わせとする。

キビナゴの刺身 キビナゴは体長10cm前後の小さな魚で、刺身は鹿児島を代表する料理であり、醤油ではなく酢味噌で食べることが多い。

薩摩汁（さつま） 鶏肉や豚肉などを使う鹿児島県の郷土料理で、肉入りの味噌汁のことである。

角煮（かくに） 豚のばら肉（三枚肉）を使った料理である。下茹でした肉を一口大に切り、調味料や香味野菜を加えて柔らかく煮て調理する。醤油、味噌、みりん、日本酒、焼酎、砂糖などを用いた甘辛い味付けで食べる。

落花生豆腐（だっきしょうとうふ） ラッカセイをすって糊化したデンプンで固めたものである。とろみがある甘辛い溜り醤油を付けて食べる。鹿屋市では黒蜜タレで食べることもある。

味噌おでん 鶏がらや昆布や煮干しなどでスープのベースを取り、鹿児島名産の甘口麦味噌ベースの合わせ味噌、ザラメ砂糖、焼酎などで調味して具材を入れて煮込む。特徴的な具材は、大きなサトイモ、豚骨、豆モヤシ、薩摩揚げなどである。

茶節 指宿市を中心とした薩摩半島南部の郷土料理である。作り方は鰹節と味噌、それに好みでネギ、ショウガ、タマゴなどをお椀の中に混ぜ入れ、熱い緑茶または熱湯を注ぐだけというシンプルな料理である。

ヤギ汁 ヤギの骨付き肉を煮込みネギやニラなどを加え、醤油や味噌などで味付けして食べる、奄美群島の行事食である。

◆特色のある発酵文化

種麹屋　近代焼酎の父と呼ばれる河内源一郎は、南九州での焼酎製造の歩留まりが悪く味もよくないのは、従来から日本酒や焼酎製造に使われていた黄麹菌（アスペルギルス・オリゼ）が暑い南九州の気候に合っていないのではないかと考え、沖縄での泡盛造りに使われていた黒麹菌を取り寄せ研究を続けた。各焼酎メーカーはこの黒麹菌を導入し、焼酎の製造の効率化と品質が飛躍的に改善した。1924（大正13）年には黒麹菌から胞子の色が白い変異株の白麹菌の分離培養に成功し、その後、鹿児島だけでなく九州の焼酎には、この白麹菌が使われるようになった。白麹菌が作るクエン酸による雑菌抑制力と胞子により蔵を黒く汚さない点が評価され、近代焼酎の飛躍的な発展につながった。現在、河内源一郎商店（鹿児島市）では、この白麹菌をはじめとして、焼酎製造用の種麹を製造、販売している。

◆発酵にかかわる神社仏閣・祭り

郡山八幡神社（伊佐市）　1194（建久5）年に宇佐八幡宮より勧請した神社と伝えられ、本殿は国の重要文化財に指定されている。1954（昭和29）年の改築時に発見された棟木札に書かれた落書き（p.93「発酵の歴史と文化」参照）から、焼酎神社とも呼ばれる。

竹屋神社（南さつま市）　焼酎杜氏の古里といわれる南さつま市にある神社で、2018（平成30）年に、祭神の4柱を「焼酎神」として祀るための式典が行われた。炎の中で生まれた火照命らを焼酎の製造に必要な蒸留との関わりのある神とみなして祀っていることから、「焼酎神社」とも呼ばれることがある。

◆発酵関連の博物館・美術館

田苑酒造 焼酎資料館（薩摩川内市）　「チンタラ」と呼ばれる古代蒸留機や木樽、桶のほか、古文書、昔の暮らしを伝える民具などが往時のままの形で保存展示されている。

杜氏の里笠沙（南さつま市）　古くから、焼酎製造の技術を伝承し各地に赴いて活躍した黒瀬杜氏がいた。その伝統技術を文化的遺産として保存、継承し、焼酎文化を広く伝え、伝統

技術を後世に残すために作られた。焼酎や酒器などが展示されている。

薩摩酒造文化資料館 明治蔵 (枕崎市) 焼酎造りの過程、古来の道具や海外の蒸留器などが展示されている。

石蔵ミュージアム (姶良市) 明治時代から続く手造り焼酎の蔵 (国の登録有形文化財に指定) の中で製造工程、芋焼酎の歴史、西郷隆盛と蔵とのかかわりを学ぶことができる。

◆発酵関連の研究をしている大学・研究所

鹿児島大学農学部食料生命科学科 全国で唯一の「焼酎発酵・微生物科学コース」があり、焼酎に関する微生物や製造管理についての教育、研究がなされている。ここで研究・開発した酵母を県内の酒造メーカーに製造委託した鹿児島大学ブランド焼酎が販売されている。

コラム　鯨の骨格標本の作り方

　上野にある国立科学博物館で、世界初の「マッコウクジラ半身模型付全身骨格標本」が2021年3月から常設展示されている。本標本の全身骨格は、2005年8月に鹿児島県南さつま市の海岸に打ち上げられた、体長13.77 m のオスのマッコウクジラのものであり、骨格標本作成のため現地に埋められた。

　動物の骨格標本の作成は、煮沸後1％炭酸ナトリウム水溶液などで煮るという、化学的方法が一般的である。しかし、鯨のような超大型動物ではこの方法が適用できないので、土中埋没が行われる。動物の死体を地面に埋めることでバクテリアなど微生物の働きによる自然分解によって肉を取り除く方法で、いわば発酵法である。長期保存可能な骨格標本にするためには最も良い方法であるが時間がかかる。展示標本は、最終的には手洗いとブラシ、ピンセットなどによって細かい肉などを除去して、その後乾燥して仕上げられたものである。発酵により作られたと思って見ると、よりサイエンスの奥深さを感じられるかもしれない。

和菓子 / 郷土菓子

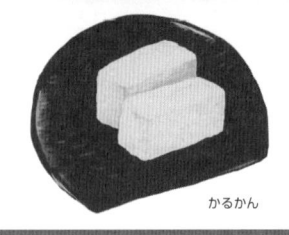

かるかん

九州の南部に位置し、南には離島が点在している。県域は土地の肥沃なところが少なく、耕地の大部分は痩せた火山灰土でできあがっていた。毎年来る台風の常襲地帯で、自然災害も多く、過酷な自然との闘いでもあった。そのため明治以降、外国に移住する人が多かった。

また明治維新の際、長州と共に日本の新時代を切り拓いた薩摩の英傑たちは、多くが下級士族の出身で、生活は豊かとはいえなかった。その彼らが勉学に励み、難関を克服していったのである。

薩摩人を評して「ぼっけもん」とよぶが、その意味は前向きなチャレンジ精神に富んだ度量の大きな人、ということで、まさに西郷さん（隆盛）である。

この県の「薩摩芋」が果たした役割は大きかった。琉球王から種子島領主・種子島久基に贈られたのは1698（元禄11）年。久基は大瀬休左衛門に命じ試植させ、食べ方など工夫させた。彼は「酢・砂糖・焼酎・飴・菓子そして乾燥させて粉」にまでしてさまざまなものを作った。江戸時代の多くの日本人を救ったが芋種の藩外持ち出し禁止に泣いた人も多かった。同じく黒砂糖の製法も琉球から伝えられこの地で開花した。鹿児島には菓子製造の原点がある。

地域の歴史・文化とお菓子

殿様の菓子・庶民の菓子

①鹿児島名物「かるかん」

山芋を使った純白で上品な甘さの「かるかん」。鹿児島を代表する菓子だが、地元では「殿様菓子」とよばれ、かつては庶民の口には入らなかった。

つまり、砂糖が貴重品だった時代、奄美諸島の砂糖を買い占めていた薩摩藩では、「かるかん」は藩主の御用菓子で、藩主家の祝いや献上用、接待用であった。庶民の口に入るようになるのは明治以降である。

　「かるかん」は漢字にすると軽羹。蒸籠で蒸すことから“軽い羹”すなわち「軽羹」となったという。材料は3年物の山芋の灰汁（あく）をぬいて摺りおろし、上質な米粉と砂糖を混ぜ合わせて捏ね、蒸籠で蒸す。材料こそ数種だが、山芋はシラス台地の当地産。米は県北の良質米が選ばれていた。

② 「かるかん」と薩摩藩主・島津家

　「かるかん」が島津家の歴史に登場する最初は1699（元禄12）年で、鹿児島で行われた3代藩主・綱貴（島津家20代当主）の50歳の賀（が）の祝いである。祝賀の席の飾り物・蓬莱山は畳1枚ほどの大きな足付きの台に、縁起物の亀や松竹をあしらい、菓子は羊羹、ういろう餅、かるかん、かすてら、有平糖、花ぼうろなど29種類。量も膨大で3つの扇形の桶に山ほど入れられていた。

　次いで1716（正徳6）年の、将軍家某の2歳にお成りの祝い、1729（享保14）年将軍家から島津家に嫁いでこられた竹姫の江戸での「三つ目の祝い」、1753（宝暦3）年琉球読谷王子が弓の稽古をご覧になったとき……と、「かるかん」は大きな儀式のときに用いられていた。

③ 現在につながる「かるかん」

　全国区並みに知られた「かるかん」は、今や県下至る所の菓子店で作られている。その元祖は1854（安政元）年創業の明石屋である。初代八島六兵衛は播州明石の人。江戸で菓子屋を営んでいた折、11代藩主・島津斉彬（なりあきら）（1809〜58）と知り合い鹿児島に連れ帰られた。六兵衛は藩主の手厚い待遇によって明石屋と名乗り、当地の良質な山芋に着眼して、今日の「かるかん」を創製した。

　もとより藩主・島津斉彬は、藩の富国強兵が目的事業の一環として、美味で栄養のある保存食の研究開発を明石屋六兵衛に命じていたのであった。

④ 薩摩の郷土菓子「あくまき」

　鹿児島では端午の節供頃に、各家庭で作られていた。だが家庭環境の変化で、現在は土産物店などで1年中売られている。

　「あくまき」は粽の一種で「灰汁粽（あくまき）」と書かれる。元々は、鰹節製造過程の“焙乾”でできた樫や楢の木灰の灰汁を利用した郷土食である。した

がってこの樫や楢の灰汁が必要で、松などの木灰ではだめなのである。

⑤「あくまき」は灰汁作りから

灰汁作りはまず、井戸端に桶を置き、大きなザルにふきんを広げて灰をのせる。水を静かに掛けてゆくと飴色の澄んだ汁が桶に滴り落ちる。水はゆっくりと灰を漉してゆくので、誰かが井戸端を通るたびに水を掛ければよいのである。

この灰汁に、もち米を一晩浸すと黄色く染まる。これを孟宗竹の竹皮に包み、かまどの平釜に灰汁入りの湯をたっぷり沸かし、4時間も強火で炊くとふわふわの弾力ある「あくまき」ができあがる。

⑥「あくまき」の底力

ゆっくりと竹の皮を開くと、もち米が透き通った琥珀色に変わって、弾力ある餅になっている。これは米の色素フラボノイドと、灰汁のアルカリがもたらす技で、強い保存性がある。そのため昔は戦の兵糧だったとされる。かの豊臣秀吉の朝鮮出兵の際、島津軍が活躍した源はこの「あくまき」にあった。

さらにこの「あくまき」が威力を発揮するのは、我が国を東西二分にし、天下を争った関ヶ原の戦い（1600［慶長5］年）。有名な "敵前突破" を遂げた薩摩の兵士たちは、この「あくまき」を食べていたそうである。

⑦スローフード・こだわりの逸品

往時の人たちは、味噌で食べていたようだが、今は砂糖入りの黄な粉や、砕いた黒砂糖でいただく。そのときも、竹皮の端を裂いて紐にすれば上手に切り分けられた。

鹿児島市内の「あくまき」を作るお店を訪ね、ビックリしたことがある。店先に灰汁を取る樫や楢の薪がびっしりと積まれていた。「あくまき」は、もち米と孟宗竹の竹皮があればでき、添加物を加える余地のない至ってシンプルな自然食品である。それだけにこだわりが強い。

家庭においても昔の母親たちは、端午の節供が近づくと囲炉裏に、上等な堅木をくべて灰汁用の灰を用意していたのである。

行事とお菓子

①鹿児島市内の雛節供「いこ餅」「高麗餅」

かつてはどこの家でも節供の菓子は手作りした。ふくれ菓子（小麦粉で

作る蒸し菓子）、蓬餅、かるかん、いこ餅、高麗餅などたくさん作った。

　いこ餅は、白砂糖と黒砂糖と2種類ある。もち米粉を炒って粉にする。砂糖湯を作り、粉を入れてよく混ぜる。触れるようになったら手で捏ねる。よく捏ねて、四角い箱に入れて形を整えて切り分ける。

　高麗餅は、米粉ともち米を合わせた粉を用意する。粒餡は砂糖を入れてよく練る。この小豆餡に米粉を入れて混ぜる。目の粗い裏漉しを通しそぼろ状になった種を、ふきんを敷いた四角い蒸籠に入れて蒸す。

②奄美・女の節供の「ふつだご」

　3月3日のことで、サネン（げっとうの葉）で包んだ蓬餅で、九州奄美ではヨモギは「フツ」とよび、餅や団子に搗き込む。「こうしん」は、はったい粉（大麦の炒った粉）に煮芋を入れて固めたもの。これも必ず作る。ご馳走を持って、浜に出てこの日は潮干狩をする。「貝取りしない者は烏になる」といわれ、せっせと貝を取る。

③奄美・男の節供の「がやまき」

　5月5日のことで、この日は「がやまき」を作って先祖の位牌や親戚に届ける。「がやまき」はご飯をカヤの葉で包み、ワラでくくったもの。この日も浜に出て潮干狩をする。

④5月節供の「かからん団子」と「あくまき」

　鹿児島を含めた九州一般では、だんごとはいわず「だご」である。かからんはサルトリイバラの葉で包んで蒸しただごである。このだごは米粉に小豆餡と砂糖を混ぜ、水は入れずに捏ねて耳たぶの堅さにし、平たい形状にしてかからの葉で包み蒸す。「かからん団子」は「あくまき」と一緒に端午の節供に欠かせない御馳走。

⑤大隅地方の月遅れの5月節供「あっまっ」と「けせん巻き」

　「あっまっ」はあくまきのこと。端午の節供には「けせん巻き」と一緒に作る。けせんはにっけいの葉のことで、もち粉と米粉を混ぜ、砂糖と塩少々入れてほどよい堅さにし、けせんの葉2枚で挟み湯気の上がった蒸籠に並べて蒸す。かからの葉で巻く時もある。

⑥種子島の「つの巻」と「もし菓子」

　「つの巻」は灰汁につけたもち米をダチク（竹の一種）に包み薄めた灰汁で4、5時間煮る。「もし菓子」は黒砂糖を溶かして冷まし、麦粉と重曹を入れ、とろとろに混ぜて木枠に入れて強火で約40分蒸す。神仏に供え、

近所にも配る。

⑦奄美の年祝いの菓子

　新年に13、25、37、49、61、73、85歳（数え年で年男、年女にあたる）を迎えた人のお祝いが「年祝い」である。生まれ年の干支の日（年日）に、人を招いて祝宴を行う。1月12日までに済ますことになる。この日は床の間に「高膳」といって盛り塩、コンブ、スルメをのせて供える。招待客には御馳走の他、必ず出す菓子があり、「かん菓子」「型菓子」「りゅうぶ」がそれである。

　「かん菓子」はむちの粉（生のもち米を粉に挽いたもの）と黒砂糖を加え、とろとろに混ぜ合わせ、木綿の布を敷いた四角い蒸し器に流して蒸す。できあがったら切り分ける。お盆の行事にも作る。

　「型菓子」は落雁のようなもの。もち米を炒って挽き臼で粉にし、黒砂糖の粉を同量に入れる。水も加えるが固めに練り合わせ、花形に彫った菓子型に強く押して詰め、型抜きをする。

　「りゅうぶ」は搗いた白い餅を底の広い鍋に入れ、同量の水と黒砂糖を加えてとろとろ火で焦げ付かないように2〜3時間煮詰めていく。粘り気が出てきたらもち箱にもち粉を振り、餅が熱いうちに取り上げて入れ、まんべんなく棒で延ばす。1日ぐらいで切りやすくなるので細長く切る。大人にも子供にも喜ばれる菓子。

知っておきたい郷土のお菓子

- **春駒**（鹿児島市）　米粉と黒砂糖の漉し餡を合わせ、棒状にして蒸したういろうのような郷土菓子。江戸時代後期に、島津藩士が作り始めた。当初は長さ30cm、太さ5cmの大きさで、薩摩兵児たちはその形から「馬んまら」とよんだが、大正天皇行幸の際に「春駒」となった。
- **両棒餅**（鹿児島市）　上新粉やもち米粉で作った楕円の団子に、昔の上級武士が刀を二本差しにしたように、串を2本刺してタレが掛かっている。「ぢゃんぼ」は「両棒」が訛ったとされ、仙巌園などで食べられる。
- **いこ餅**（県内）　祝い菓子として家庭で作られてきた蒸し菓子。炒った米粉・もち米粉を使うことから「炒り粉餅」という。堅くなったら焼くなどして食べる。各地の菓子屋でも作る郷土菓子。
- **高麗餅**（県内）　豊臣秀吉の朝鮮出兵後、先地より移された陶工が神社

を建て神饌に「飯餅(シルトック)」を供えたのが最初とされる。その神饌は米と小豆の層が別だったが、薩摩では2つの材料が混ぜ合わされ、枠に詰めて蒸すようになった。高麗菓子ともよばれる。

- **小豆羹(あずっかん)**（県内）　小豆、小麦粉、葛、砂糖で作る蒸羊羹。寒天で固めた練り羊羹とは食感が違い、お祝い事に作る郷土菓子。奄美地方ではサネン（月桃）の葉を敷いて蒸す。昔から慶事の時の代表的な菓子で、高麗餅、いこ餅などと重箱に入れ子供たちが1軒1軒配ってまわった。

- **げたんは**（県内）　鹿児島の郷土菓子。菓子の形が台形で下駄の歯に似ているところからの菓名。小麦粉、黒砂糖、卵を合わせて焼き、黒糖蜜にたっぷりと浸ける。佐賀地方の黒棒と同一のものがあり郷愁あふれる菓子。

- **から芋飴**（県内）　現在は、から芋を作る会社がたくさんある。薩摩では、さつま芋を“から芋”という。各家庭でも麦芽を加えて糖化させ、煮詰めて飴を作った。ねり飴と固形飴がある。

- **文旦漬け(ぼんたん)**（阿久根市など）　子供の頭ほどもある阿久根の名産。文旦の黄色い表皮を削り取り、スポンジ状の中皮を白砂糖でじっくり煮た郷土菓子。オレンジ色に仕上がり、ゼリーのような食感がある。文旦の名は、かつてこの柑橘をもたらした中国船の船長の名とも伝わる。

- **ボンタン飴・兵六餅**（県内）　セイカ食品が1926（大正15）年から作る。ボンタン味の求肥飴をオブラートで包み、キャラメルのように箱詰めしたことで人気を博した。兵六餅は求肥飴に海苔、抹茶、黄な粉などを練り込んである。箱には大蛇退治に立ち向かう薩摩兵児が描かれている。

- **しんこ団子**（日置市）　日吉町の深固院の和尚が飢饉の時につくったのがはじまりともいわれ、4、5個のしんこの団子を串に刺し、焼いて醤油ダレがかけてある。寺は廃仏毀釈により存在しないが、1993（平成5）年から11月の深固院祭りに、地元自治会でこの団子を作る。

乾物 / 干物

鰹節

地域特性

　九州南部に位置する鹿児島県は2つの半島、薩摩半島、大隅半島を有し、南北に広がり、世界遺産である屋久島、種子島宇宙センター、霧島山脈、指宿温泉などがあり、自然、文化、観光など多くの資源を有している。

　気候は南北600kmに及ぶことから積雪地帯から亜熱帯地方奄美群島に至るまで存在している。鹿児島市は夏は日照時間も降水量も多く、季節風の関係による台風の影響や桜島の活火山噴火など、自然の変動も大きい県でもある。

　農産物はさつま芋、チンゲンサイ、日本茶などの生産が多く、産物であるさつま芋からは焼酎の製造が盛んで、焼酎酒造会社が大変多く、生産もされている。畜産業は黒豚の養豚が年々増加し、鹿児島牛も盛んである。

　薩摩半島の枕崎を中心とするかつお節の生産は古くから日本一であり、大隅半島の鰻の養殖も盛んである。

知っておきたい乾物 / 干物とその加工品

まぐろ節　サバ科の海水魚であるキハダの幼魚で作った削り節。キハダはマグロ類の中でも最も漁獲量の多い魚で、日本では鮮魚として利用されることが多い。1.5～3.0kgのものが節に加工される。血合いを抜いて作られたまぐろ節は、特に甘みのある上品なだしが取れる。

枕崎かつお節　鹿児島県を代表するかつお節は、カツオを燻蒸し、乾燥し、カビ付けなど加工して、刃もので削った製品。かつお節は、料亭から家庭に至るまで、すまし汁、お好み焼き、おひたしに載せて。かつお節は日本が誇るうま味の素材として、今や世界に誇れる和食にかくも必要な食材である。

玄蕎麦鹿児島在来　鹿児島県鹿屋市の在来種で、大隅半島の在来種として古くから知られ、鹿児島県の主力品種とな

っている。玄蕎麦は色が茶色く、少し形が小さい。

大隅本葛　　　葛の産地である鹿児島県大隅半島で採れる葛は、生産量日本一である。シラス台地の地層により地下茎葛芋から取り出せる良質なでんぷんは、水にさらしながら取り出す。

　清らかな水の流れがあり、冬は雪が積もるほど寒い環境の中で空気が乾燥している。良質の葛粉を作るには、これらの条件が必要である。葛といえば、良質な水があり、かつ冬の寒さが厳しい奈良県の吉野の里や福岡県秋月などの産地が有名だが、今は生産者の高齢化や減少により、鹿屋市が主な生産地となっている。本葛にはイソフラノイド（ダイゼン）という成分が多く含まれる。葛湯などで飲むと体が温まり、心と体の活性化による効果がある。

志布志の里山椎茸　　　鹿児島県の志布志市では原木栽培の椎茸が盛んに生産されており、里山でじっくり育てられ、低温乾燥で製品化した椎茸は、その味と香りが大変評価されている。

干し芋　　　大隅半島のさつま芋「紅はるか」で作る天日干し乾燥干し芋は抜群に甘い。安納芋の糖度が35〜45度以上であるが、紅はるかで作る干し芋はなんと50度に近い甘さである。表面の白い粉状のものは、芋のでんぷん質が糖化したもので、カビではない。また、種子島産の安納芋の干し芋も有名で、新種の飴のような甘さが好評である。

鹿児島米　　　鹿児島県は早場米の種子島産を筆頭に、超早場米の産地として、全国の消費者に新米の味をいち早く届けていることで有名である。

上乾ちりめん　　　カルシウムたっぷりの鹿児島県産ちりめん。釜揚げちりめんを天日干しした上乾ちりめんは、噛めば噛むほどうま味が口に広がる。

かるかん（軽羹）　　　鹿児島県の銘菓である軽羹は「軽い羹」という意味からきたとの説がある。米の粉である軽羹粉に砂糖と山芋を用いて、これらの原料に水を加えて蒸し、弾力性のある白色の半スポンジ状に仕上げたお菓子の具類である。

　生のかつおを解凍したものを100%とすれば、その利用部分は75%、なまり節にすると50%、荒節22%、本枯れ節15%となる。生かつおが重さ4.5キロとして、水分は70%。これを加工すると、かつお荒節で重さ950g、水分は24%。本枯れ節になると重さが650g、水分15%になる。

　全国各地で生産されるかつお節は、その産地ごとの製造方法に特徴がある。現在は焼津方式と薩摩方式があり、基本的には同じだが、切り方、燻蒸の仕方などが違う。

III

営みの文化編

伝統行事

初午祭

地域の特性

　鹿児島県は、九州の南端に位置する。東側の大隅半島、西側の薩摩半島が南に突き出し、鹿児島湾を形成する。湾内には桜島が浮かぶ。全体に山がちで平野は乏しい。地表には火山灰土（シラス）が厚く堆積し、台地や丘陵地となっている。全般に温暖で、とくに大隅半島以南は亜熱帯気候である。

　鹿児島県は、鉄砲の伝来や幕末の西郷隆盛などの活躍でも知られる。島津氏が長く支配したこともあり、固有の文化が培われた。一方で、シラス台地での農業の困難さでも知られる。伝統工芸では、大島紬、川辺仏檀、薩摩切子、錫製品、薩摩焼、屋久杉細工などがある。

　近年は、九州新幹線の開通で、とくに山陽や関西方面との往き来が便利になった。

行事・祭礼と芸能の特色

　鹿児島県は、稲の二期作が可能な地である。沖縄県もそうであるが、水田面積が乏しく、鹿児島県が日本で唯一の二期作地である、といってよい。現在は、収穫効率が上ったのと米の需要後退のせいで一期作となっているが、かつては二期作が盛んであった。

　その場合の収穫祝いは、一期の収穫時に合わせて行なうことになる。これが、南薩摩一帯に分布をみる十五夜行事である。十五夜踊が踊られるが、これを豊年踊ということでも行事の意味をうかがい知ることができるだろう。あわせて、綱引きが行なわれる例が多いが、これにも作占の本義があった。

　御田植祭が薩摩半島から種子島にかけてみられるのも、注目に値する。

霧島神宮田植祭

3月8日（もとは旧暦2月4日）に豊作と家内安全を祈念して行なわれる。祭神瓊々杵尊が皇祖天照大神から稲の穂を頂いて高千穂の峰に下り、稲のつくりかたを民に教えたという伝承にもとづいた神事である。翁・姥役による田植えの所作や田の神舞が奉納される。それに加えて、県下に多い棒踊や太鼓踊も演じられる。この時用いた苗は、参拝者に授与される。

鹿児島神宮の祭礼

御田植祭 旧暦5月5日に行なわれ、神田で田の神舞と田踊が奉納される。田の神舞は、翁面に笠をかぶって農夫の装いをした者が、手に杓子と鈴を持って、笛・太鼓などの囃子で舞う。舞と囃子を務めるのは、隼人職と呼ぶ世襲の家柄の者である。隼人とは、上代南九州に住んでいた部族の称。部民として大和朝廷に服属し、毎年京に上って宮門を守り、行幸の先駆になった。また、歌舞をもって奉仕した、という。

田踊は、県下に広くみられる棒踊のひとつである。赤襦袢に五色のたすきを掛け白鉢巻をしめた若者が、六尺棒と三尺棒を持って2列または4列になり、歌にあわせて互いに棒を打ち合わせる。楽器は用いない。田踊を行なった若者たちは、踊りのあと町内各戸を巡り歩く。

隼人舞神事 8月15日に行なわれる神事。狩衣姿で右手に扇、左手に鉾を持った2人の隼人が神前に進んで、笛・太鼓の囃子と神歌にあわせて右にゆるやかに回りながら舞うこと3回、左に舞うこと3回。次に、扇を全部開いて左舞3回、右舞3回、さらに扇をたたんで鉾とともに左手に持って左舞右舞各3回、最後に扇を右手に持って腰にあて、鉾を左肩に担い、左舞3回、右舞3回、扇をさっと開いて閉じて元の位置に復して終わる。所作の簡単な短時間の舞である。現在の隼人舞が古い形のものであるか否かは、明らかでない。ただ、今も舞の前に神役全員が、「唯（おお）」と大声で警蹕（先払いの声）を発し続ける。

十五夜祭 8月15日（元は陰暦）に行なわれるまつり。神輿が浜殿に神幸する。古くは、行列に、前駆け・隼人・神馬・検非違使・錦旗・大榊・楯・鉾・神宝などが参列した。現在では、簡略化もみられる。

また、この日の夜、鹿児島市内では綱引きが行なわれる。公園や辻などに大綱を用意し、老若男女が掛声も勇ましく引きあう。太鼓や鉦（かね）などでの応援もあり、たいそうにぎやかであるが、もともとはその勝敗をもって稲作の豊凶を決める行事であった。なお、この時期の綱引きは、県下のいたるところで行なわれる。綱引きは、鹿児島の代表的な民俗行事といってよい。

奄美の八月踊りと与論十五夜踊り

　奄美大島では、旧暦の8月を新年ととらえる風がある。おそらく、収穫期の早い南国の農事暦にあわせて、収穫を終えた時期に年が改まる、という考え方であろう。そして、その月に、新節（あらせつ）・柴挿（しばさし）・嫩（どん）といった新年の行事が行なわれた。そこでみられるのが「八月踊り」である。

　集落によってかたちはさまざまであるが、その基本は、豊作と安全を願って神々に感謝を捧げ、祝福しあうことである。かつては、老若男女が列を組んで各家を巡り、庭で篝（かがり）火を焚いてそのまわりに円陣をつくり、太鼓を打ち鳴らして「祝付け」を踊った。集落の人びとが互いの家に福を呼びこぶように踊るのは、相互扶助の精神の表われといえよう。

　奄美大島のなかでもとくに八月踊りが盛んなのが笠利地区である。その唄と踊りの数が多く、現在も数十曲は残っている、という。太鼓を叩くのは、ほとんどが女性である。その太鼓のリズムにのって、男女が唄を交互に歌いながら輪になって踊る。テンポははじめはゆっくりと、しだいに速くなって、最後は手足がもつれるほどに盛りあがる。踊りの合間には、各家が持ち寄った郷土料理や酒が振るまれる。

　与論島の十五夜踊りは、永禄4（1561）年にはじまったといわれる。かつては旧暦8月15日夜の行事であったが、現在は、旧暦3月・8月・10月の15日の年3回、与論城（ぐすく）の地主神社（琴平神社）で行なわれている。なかでも、8月15日の十五夜踊りがもっとも盛大である。

　五穀豊穣と島内安泰を祈願して奉納されるこの踊りは、1番組と2番組で構成されている。1番組は大和風、2番組が琉球風で交互に演じられ、前者の勇壮さと後者の優雅さが好対照をなしている。なお、与論十五夜踊りは、平成5（1993）年に、国の重要無形民俗文化財に指定された。

新田神社の祭礼

　新田神社（川内市）は、古来九州五所八幡のひとつとして崇敬されていた。のちに島津藩の時代にな

っても、藩内の首社としてとくに厚遇を受けてきた神社である。

早馬祭 新田神社の境内末社、保食神社の春分の日のまつり。牛馬繁殖の祈願祭で、馬を飼っている人びとが馬に美しい衣装を着せて早朝から参集する。

このまつりでは、馬踊が呼びものとなっている。それは、鞍に御幣とポンパチ（紙張りの太鼓に豆を結んだもの）をのせ、1頭の馬に十数名の若衆がつきまとうなかで、三味線や太鼓などの囃子にあわせて馬が足踏みをしたり跳ねたりして踊るもの。こうした馬踊りはこの地方一帯で行なわれており、鹿児島神宮の初午の行事でも披露される。

御田植祭 6月12日（入梅の日）に行なわれる。保食神社で祭典を行なった後、神田において田植神事が行なわれる。

当日は、60人余りの人びとが集まる。女性は、緋袴に赤だすきと菅笠姿、男性は、白丁の装束に白だすきをかけて田植式を行なう。その後、棒踊・奴踊が奉納される。

棒踊は、昔、川内川で溺れている人を助けたらその人が稲穂の神様だった、という故事にならったものといわれる。ここ以外にも、広く県下に分布をみる。ここでは、単衣に五色のたすきをかけた若者40人ぐらいが列を組んで6尺棒を打ち合わせて踊る。奴踊は、凶作を吹き飛ばすための踊りがルーツといわれる。同じくこの土地の若者が、鉢巻に法被姿で、頭にさまざまな装飾を付けた長竿を持って踊る。ほかにも年ごとにさまざまな芸能が奉納され、多くの見物客でにぎわう。

新田祭 新田神社の例大祭。旧暦9月15日、盛大に催行される。

前夜を御通夜祭といって、多数の参詣者が夜を徹して参籠し、五穀豊穣・家内安全・国家安全を祈念する。これを終夜参講と呼んでいる。

当日は、祭典ののち田の神舞が奉納される。これは、農夫姿の翁面の田の神が、すりこぎ・杓子・御幣を持って出て、「百姓どもよく聞け」という呼びかけからはじまる長い祝言を述べる。たびたびに改変されたあとがみられるが、その内容は興味深い。この田の神舞は、鹿児島神宮の御田植まつりなどでも行なわれている。

なお、この日は夜を徹して綱引きが荒々しく行なわれることから、喧嘩祭りとも呼ばれている。

弥五郎どん祭

11月3日に岩川八幡神社（曾於郡）で行なわれる。大隅半島三大まつりのひとつで、900年余りの歴史をもつ。

「弥五郎どん」とは、祭神の関係から武内宿禰説もあるが、隼人族の長だったともいわれる。そして、非業の死をとげた隼人の霊を鎮めるために行なった放生会が、農村の豊年祭と結びついて行なわれるようになったのがこのまつり、とされる。弥五郎どんは、身の丈が約5メートルの大人形で、梅染めの衣（約27反）をまとい、大小の刀（約4.3メートルと2.9メートル）を腰に帯びて、手には鉾（約5.5メートル）を持ったその姿は勇壮である。

11月3日は、未明から「弥五郎どん起こし」がはじまる。青年たちが「弥五郎どんが起きっどー」と町内へ触れ歩き、神社神殿で組みたてをはじめる。そして、早朝6時ごろ、弥五郎どんが神社境内にその姿を現わす。この弥五郎どん起こしに参加すると、1年間無病息災といわれ、大勢が参加する。

午後には、弥五郎どんの浜下りが行なわれる。神社を出発して約3時間かけて市内を練り歩く。なお、この日、周辺には農具と金物の市が立ってにぎわいをみせている。

ハレの日の食事

奄美大島では、12月29日に1年間育てたブタ1頭を浜で殺し、藁で毛を焼いてから解体する。そして、正月にすき焼き、豚汁にして食す。残った肉は、塩豚にして保存し、次の行事に用いる。

商家では、正月料理として、イノシシの吸いものを用意する。これは、イノシシのようにたくましく強く生きるという願いから、という。ほかに、口取りとしてつけ揚げ（さつま揚げに似たもの）、かまぼこ、ゴボウ・ヤマイモ・シイタケの煮しめ、ブリの刺身などがだされる。

寺社信仰

霧島神宮

寺社信仰の特色

　現在、鹿児島県で最も多くの初詣参拝者を集めるのは鹿児島市の照國神社とされる。集成館事業を興した薩摩藩主島津斉彬を祀るため1864年に創建された。この翌年から薩摩藩では廃仏毀釈が始まり、最終的には1,616寺が廃され、2,966人が還俗したとされるが、その魁は1858年に斉彬が寺院の梵鐘を武器の製造に充てた事業であろう。薩摩藩は多くの寺院を廃することで、寺院への支出を削減し、寺院の財産を獲得し、僧侶を兵隊や教師に変え、明治維新を推進したと考えられる。維新三傑の2人を輩出したのは斉彬といえよう。

　三傑の一人、西郷隆盛（南洲翁）は鹿児島県随一の偉人とされ、命日の前日、秋分の日には「西郷殿の遠行」として、鹿児島市加治屋町の誕生地から、埋葬地かつ祭祀地である同市上竜尾町の南洲墓地・南洲神社に至る8kmを多くの人々が巡拝して歩く。

　照國神社と並ぶ参拝者を集めるのは、天孫降臨の地とされる霧島山への信仰に基づく、霧島市の霧島神宮である。同市には大隅一宮の鹿児島神宮と同二宮の蛭児神社も鎮座している。鹿児島神宮は古く大隅正八幡宮と称され、初午祭には〈薩摩の馬踊りの習俗〉‡が営まれる。

　薩摩一宮は薩摩川内市の新田神社とされる。薩摩国分寺跡の西にあり、神代三山陵の一つ可愛山陵（天孫瓊瓊杵尊の陵）の頂に建つ。川内八幡と親しまれ、宇佐八幡九州五所別宮の一つに数えられた。昔は神功皇后や応神天皇を祀っていたが、今は瓊瓊杵尊などを祀っている。

　より古くは開聞岳（薩摩富士）への信仰に基づく枚聞神社が薩摩一宮であったとされる。薩摩国の式内社は2社のみで、1社が枚聞、もう1社が薩摩二宮とされる出水市の加紫久利神社である。

　薩摩の古い信仰の伝統は、薩摩川内市下甑町に伝承されている、ユネスコ無形文化遺産〈甑島のトシドン〉†にもみることができる。

菅原神社（すがわら）

始良市加治木町朝日町。菅原道真を祀る。加治木忠平が創建し、島津義弘が中興したと伝え、洲崎天神と親しまれた。例祭は7月25日。8月16日には木田の春日神社や日木山の精矛神社とともに「吉左右踊・太鼓踊」‡の奉納がある。吉左右踊は棒踊りの変形とされ、黒絣に白鉢巻で太刀を持つ薩摩軍と、白絣に毛頭を被って薙刀を持つ朝鮮軍が斬り結び、間を赤狐と白狐の銅鑼打が剽軽に踊り回る。太鼓踊は陣笠を被った兵士が黒羽根の矢旗を背負い、胸の締太鼓を打ち勇壮に踊るもので、駿河の念仏踊を移入したとされ、昔は雨乞いでも踊ったという。戦災で社殿が焼失したが間もなく復興し、1946年には中断されていた〈加治木のくも合戦の習俗〉‡が当社で再開された。これは蜘蛛（ヤマコッ）に相撲を取らせる旧暦5月5日の子どもの遊びで、今は福祉センターで行われている。

八幡神社（はちまん）

曽於市大隅町岩川。応神天皇や仲哀天皇を祀る。1025年に岩崎氏と黒岩氏が京都の石清水八幡宮から元八幡の地へ勧請したのが始まりと伝え、1535年に肝付氏が再興、1910年に伊勢・熊野・藤原・笠祇・宇佐・保食の各社を合祀、1914年に当地へ遷座した。11月のホゼ祭り（例祭）では、鹿児島三大祭りの一つ〈大隅町岩川八幡神社の弥五郎どん祭り〉が盛大に挙行される。弥五郎殿は身の丈5mほど（1丈6尺）の巨大な人形で、竹籠編みの胴体に梅染単衣を着て大小の刀を差す。武内宿禰とも720年に大和族に抗した隼人族の首領とも伝える。浜下りで神幸行列の先払（先導役）を務め、子どもたちに曳かれて町中を3時間にわたって練り歩く。宮崎県都城市山之口町円野神社の弥五郎殿が長男で、当社が次男、宮崎県日南市田ノ上八幡神社が三男であると言い伝えられている。

御崎神社（みさき）

南大隅町佐多。九州本島最南端の佐多岬に鎮座。綿津見三神や伊邪那岐命・伊邪那美命を祀り、一帯は国特別天然記念物の蘇鉄が群生する。岸壁の洞窟に祀った浜宮が始まりで、1609年に樺山久高が当地へ遷座したという。御御崎殿や御崎三所権現と崇められ、近隣集落では代表が御崎詣りをして霊木の御崎柴を持ち帰り、護符として各戸に配っていた。2月の〈佐多の御崎祭り〉は祭神が北東20km先にあ

る郡の近津宮神社の姉神に会いに行く神事で、神を御崎柴に遷し乗せ、七浦とよばれる集落を巡幸する（浜殿下り）。各集落では「神風に会う」と言って迎え、赤子の初詣をしたり、少しでも神の滞在を長引かせようと食べにくい貝を出す集落もある。近津宮に着くとバケツで焼酎が振り撒かれる。

宝満神社　南種子町茎永。種子島宇宙センターの2km西に鎮座。種子島は日本の水稲農耕文化発祥の地と伝え、今も神田で稲の原種とされる赤米を、肥料を使わずに古式で栽培している。玉依姫命が海宮から五穀の種子を齎して蒔き、食を潤した徳を称え、1807年に池辺の浄地に社殿を創建したという。例祭は12月15日。4月初旬には〈種子島宝満神社のお田植祭〉‡がある。早朝に社人と神職が稲の魂を授かる御田の森に行き、神木の根元に米・塩・大豆・酒と、2束の御稲を供えて神事を行うと、隣のオセマチ（御畦／御畝町）とよぶ神田で太鼓と田植え歌に合わせて赤米の苗を植え、その後、隣の舟田とよぶ三角形の神田で社人夫婦が御田植舞を奉納する。直会はマブリとよばれ、奉仕者全員に赤米でつくった甘酒と握り飯が、石蕗や竹ノ子の煮〆とともに振る舞われる。抜穂祭は9月。

大屯神社　瀬戸内町諸鈍。八月踊り歌の一つ『諸鈍長浜節』にも唄われた美しい加計呂麻島の諸鈍長浜に鎮座する。壇ノ浦の戦いに敗れた平資盛は一族とともに当地へと落ち延び、配下の者に「ここまでは追っ手も来るまいから諸君は鈍になれ（安心せよ）」と言ったという。資盛は諸鈍に城を築いて一帯を治めて没したが、その霊を祀ったのが当社と伝える。現在は資盛（三位中将小松資盛卿）の他に応神天皇と神功皇后を祀っている。旧暦9月9日の例祭に演じられる〈諸鈍芝居〉†は資盛が郷を慰めるために始めたという。芝居とは境内にある椎の小枝（青柴）で囲まれた楽屋のことで、演者一同は海で禊をした後、境内の踊場へナンバンの振りで練り込み、楽屋入をし、紙の仮面カビデイラをつけ、三番叟や兼好節、スコテングゥ（琉球風の棒踊り）などの踊りや寸劇を演じる。

水天神社　伊佐市菱刈下手。羽月川岸に鎮座。もとは川向かいの羽月村金波田にあったが洪水で流されて当地に留まったという。1569年、島津義弘が大口城菱刈氏の陥落報謝として社殿と田地を寄

進して以来、島津藩主代々の崇敬が篤い。下手水天や水天宮と称され、現在に美須波売神（みずはのめのかみ）を祀っている。相殿に祀る豊受姫大神（とようけひめのおおかみ）は畜産の神、馬頭観音（ばとうかんのん）と崇められる。例祭は11月28日で、露店百軒が並ぶ伊佐地方最大の祭りとなっている。地元では来訪者に蕎麦を振る舞う風習があり、無礼講（ぶれいこう）蕎麦食いも催されることから、蕎麦祭ともよばれている。三尺棒踊・鎌手踊と3年交替で奉納される〈菱刈町の錫杖踊（しゃくじょうおどり）〉は、修験者姿の踊り手が錫杖（しゃくじょう）と山刀（かま）を振り鳴らしながら踊るもので、大口開城を果たした盛良法印が創案したという。後に盛良はその功績から源頼朝建立一国一寺の黒板寺（こくばんじ）に住したという。

紫尾神社（しび）

出水市高尾野町（いずみ たかお のちょう）。紫尾山（上宮山）の北麓に鎮座。祭神は日向3代だが、昔は鎮守神権現や湯谷権現と崇められ、高尾野郷の総社であった。西隣の野田郷には栄西が1194年に開創した日本最古禅宗寺院の一つ鎮国山感応寺（ちんごくさんかんのうじ）がある。紫尾山頂に空覚上人（くうかくしょうにん）が紀州熊野本宮の神を勧請したのが始まりで、後に当地と東麓の紫尾に里宮を分祀したと伝える。東麓の紫尾神社は拝殿下から温泉が湧き、初詣には1万人が訪れる。当社は秋彼岸の豊年秋祭り（奉賽祭）（ほうさいさい）に奉納される〈高尾野町の兵六踊（ひょうろくおどり）〉が有名で、セイカ食品の『兵六餅』でも知られる大石兵六が狐退治をする話を、薩摩隼人（はやと）の蛮勇を風刺しながら剽軽かつ豪壮に舞う。また、五穀豊穣に感謝して田の神に餅を搗いて供えるまでを滑稽に演じる「田の神舞（かんめ）」を奉納し、春彼岸の種播神事（たねまきしんじ）で立てた豊作祈願を願解き（がんほどき）する。

愛宕神社（あたご）

薩摩川内市東郷町斧渕（せんだい とうごうちょうおのぶち）。三ヶ郷（さんがごう）の鶴が岡城跡の中心に建つ。1248年、城を築いた東郷（早川）実重（さねしげ）が鎮守として軍神を勧請したと伝える。現在は迦具土神（かぐつちのかみ）と島津歳久（しまづとしひさ）を祀るが、当初は勝軍地蔵（しょうぐんじぞう）を祀ったと思われる。1247年、三浦・千葉両氏討伐の功により薩摩郡の地頭となった渋谷光重は5人の息子を派遣し、次男早川次郎実重を東郷、以下4子を祁答院（けどういん）・鶴田（つるだ）・入来院（いりきいん）・高城（たき）に配置した。城は樋渡川（ひわたしがわ）と田海川（たうみがわ）に挟まれた南北1kmに築かれ、「蟹の巣（がねんす）」とよばれたほど迷路の多い名城であった。城の南西麓には石造としては日本でわずか1体しか確認されていない紅顔梨色阿弥陀如来像（ぐはりしき）があり、紫尾山修験の痕跡を思わせる。三ヶ郷では郷士（ごうし）（薩摩藩の半農半士の武士）が〈東郷文弥節人形浄瑠璃（とうごうぶんやぶしにんぎょうじょうるり）〉[†]を伝承してきたが、この文弥人形も日本にはもはや4か所しか残

っていない。

安楽神社（あんらく）　いちき串木野市大里。御井神（みいのかみ）を祀り、10月10日に例祭を営む。鶴ヶ岡八幡神社を宗廟（そうびょう）とする大里（丹後局）七社の一つ。1203年、島津初代忠久の母とされる丹後局が大里の鍋ヶ城に居を構え、鎌倉から当地に7社を勧請（かんじょう）したのが始まりと伝える。安楽大明神や安楽権現と称された。1678年、金鐘寺（きんしょうじ）住職の捨範叟が再興。範叟は1684年に地頭の床濤到住（とこなみとうじゅう）と協力して大里水田の用水路建設を完成させ、この開拓を記念して〈市来（いちき）の七夕踊（たなばたおどり）〉†が始められたという。この踊は、前踊として鹿・虎・牛・鶴の精霊を示す作り物（つくりもん）の巨大な張子や、琉球王・大名・薙刀踊（なぎなたおどり）などの一行が列をなし、本踊としての太鼓や鉦（かね）を持つ太鼓踊が続き、後踊として薙刀踊が続く。大里のさまざまな神々や亡霊に踊を奉納して回り、夜、床濤到住が眠る墓前広場で太鼓踊が奉納され、その年の七夕踊が終わる。

白山神社（はくさん）　鹿児島市中山町（ちゅうざんちょう）。安産守護の神と崇められる。昔は白山権現と称され、今は白山比咩（しらやまひめ）神社と称す。祭神は菊理姫尊（きくりひめのみこと）・伊邪那岐尊（いざなぎのみこと）・伊邪那美尊（いざなみのみこと）。1539年に島津貴久（たかひさ）が祭田を寄進し、1555年には家老の川上忠克（かわかみただかつ）が再興に尽したと伝える。中村は忠克の自領であった。例祭は11月26日で、昔は10月19日であったという。7月29日の六月灯（ろくがつどう）には〈鹿児島市中山町の虚無僧踊（こむそうおどり）〉が奉納される。昔は9月29日の豊祭（ほぜ）（秋祭）に奉納されていたという。棒踊の一種で、地元の二才組（にせぐみ）（若者たち）が尺八（しゃくはち）・扇子（せんす）・小太刀（こだち）・六尺棒・鎌・薙刀を自由に扱って勇壮活発に踊るのが特徴である。幕末に農民が虚無僧に扮した幕府の密使を討ち果たしたのが始まりとも、豊臣氏滅亡に際して有水善右衛門重政（ありみずぜんえもんしげまさ）が農兵を興すために始めたとも伝える。鳥居の下には若者が昔、力自慢を競って持ち上げた力石（ちからいし）が残る。

豊玉姫神社（とよたまひめ）　南九州市知覧町郡。知覧特攻平和会館の1km北に鎮座。もとは東の亀甲城の麓に鎮座し、中宮三所大明神と崇められた。現在は豊玉姫命（とよたまひめのみこと）を主祭神とし、妹の玉依姫命（たまよりひめのみこと）、父の豊玉彦古命（ひこのみこと）、夫の日子火々出見命（ひこほほでみのみこと）（山幸彦（やまさちひこ））を併祀している。例祭は10月10日。7月9日には六月灯（ろくがつどう）が催され、社前の用水路の水車を動力源にして人形を動かし一場の芝居を演じさせる〈薩摩の水からくり（からくり）〉‡が、境内の「水からくりやかた」で披露される。糸や発条を用いた絡繰（からくり）人形は各地に伝承さ

れているが、水力を用いるのはきわめて珍しい。知覧町では旧暦8月15日に〈南薩摩の十五夜行事〉†が各地で営まれる。夕方になると触れ回りが始まり、月の出とともに裸の子どもたちが藁でつくった笠と蓑をつけ、山傘（藁にお）や盛り土飾りの周りでソラヨイ・ソラヨイと歌いながら四股を踏むような仕草で踊る。

揖宿神社（いぶすき神社）

指宿市東方。天智天皇（天命開別尊）の廟として葛城宮を建てたのが始まりという。天皇の妃は瑞照姫で、開聞岳（長主山）の塩土翁命の娘で、開聞九社大明神（枚聞神社）別当瑞応院開山智通の養女であった。後に8社を勧請して開聞新宮九社大明神と称したという。境内は楠や那岐の巨木が群生し鬱蒼とした社叢を形成している。社前には椋の巨木があり、田ノ神の神体とされ、昔はその下で御田植祭を行っていた。鹿児島県は巨木に神が宿るとする信仰が深く、それらは森殿や森山とよばれ、荒々しく厳しい神だと言い伝えられている。県下には100を超す森殿があるとされ、なかでも指宿は県下で最も多い約40の森殿がある。東方の上西園の森殿はアコウの巨木で、脇に稲荷殿と山神を配祀する。

伝統工芸

薩摩切子

地域の特性

　鹿児島県は、本州西南端に位置し、種子島、屋久島、奄美の島々へと連なっている。気候は温帯から亜熱帯に属し、変化に富み自然の豊かな地域である。奄美地域には、ソテツやシャリンバイなど織物とかかわりのある植物が自生し、世界遺産の屋久島には、樹齢1000年以上の屋久杉の森林がある。

　約3万年前、巨大噴火でマグマが噴出し、大きな鍋のような窪みができた所に海水が流れ込み、錦江湾（鹿児島市）の一部となった。噴出したマグマは火砕流となり、山谷を埋め尽くしてシラス台地を出現させた。台地は保水力が弱く農業に向かなかったが、乾燥に強いサツマイモなどが栽培されるようになった。茶の生産も盛んになり、現在は全国有数の産地である。また、シラスは自然のろ過装置でもあり、地下深くに清らかな水が蓄えられた。サツマイモと水を利用して焼酎がつくられている。水と焼酎を黒じょかという陶磁器の酒器に入れて温めるこだわりの飲み方もあるという。

　火砕流の堆積物には、熱で溶け固まって溶結凝灰岩になったものもある。軽く加工しやすいが強度もある性質を活かして、石橋などの建材に使用された。日本最初の本格的な洋式石造建築といわれ、薩摩切子の創造にかかわりのある集成館機械工場にも用いられている。

　鹿児島県の植生豊かな島や火山灰の台地での暮らしは、奄美の紬織物、屋久島の木工、薩摩焼などの伝統工芸に大きな影響を与えている。

伝統工芸の特徴とその由来

　鹿児島県の伝統工芸は、南方に連なる島々を通じて、遠方の文化をいち早く受け入れてきた地域の特性に由来するものが多い。しかし、伝統工芸の技術や意匠を磨き上げてきたのは、この地のつくり手であり、人々の暮

らしである。

　奄美地域は、古くから大陸や南方の文化とつながりがあったと考えられ、奈良時代以前から蚕を飼い、紬織物をつくっていたとされる。奄美で発展した染織技術は、鹿児島や都城へも伝えられた。

　奈良時代には、武に優れた薩摩の人々が、宮中警護にあたるとともに、芸能や相撲、そして竹細工などを行ったとされている。現在の鹿児島県では、面積日本一の竹林の適切な伐採により、自然景観を保持しながら、各種の竹工芸品がつくられている。

　戦国時代には、種子島に漂着したポルトガル人の鉄砲をもとに、初めて国産の鉄砲がつくられた。伝統工芸の種子鋏には、鉄砲鍛冶の技術が受け継がれている。江戸時代には、薩摩藩が薩摩焼や本場大島紬などの生産にかかわった。幕末に殖産興業に努めた藩は、反射炉の建設や紡績、ガラスの製造などを始めた。伝統工芸の薩摩切子は、このとき誕生している。

　鹿児島県の伝統工芸は、地元の自然に深く関連しており、その時代の社会や暮らしの中で育まれ、技術・技法や意匠を発展させてきた。特に織物においては、ほかに類をみない精緻な意匠を表現している。

知っておきたい主な伝統工芸品

本場大島紬（鹿児島市、奄美大島ほか）

　本場大島紬は、生糸の光沢と軽い風合い、自在な絵柄でそれとわかるきもの愛好家憧れの織物である。染色法、意匠、技法に特徴がある。

　「泥染め」は奄美独特の染色法である。生糸にタンニンを含む「テーチ木（シャリンバイ）」の染液を揉みこみ、鉄分を含む泥田で染めることを繰り返すと、タンニンと鉄分との化学反応により、独特の渋い黒色が現れる。動物である蚕の糸とテーチ木という植物、鉱物性の鉄分、すべて奄美大島の自然に由来する。

　泥以外の藍や白を基調とする染色や絣の密度、多様な柄の組み合わせが、緻密な意匠を可能にした。奄美のソテツを意匠化した龍郷柄や亀甲柄などの古典柄に加えて、美術的あるいは個性的な表現が生まれている。

　緻密な絣柄は、織物設計と機織りの原理で糸を括る「締め機」の成果である。設計から最終の検査まで、手作業は50工程に及ぶ。

奈良時代以前に発祥したとされる本場大島紬は、他産地同様、繭から糸を紡いで染め、腰で糸の張りを調整しながら地機で織る紬織物であった。江戸時代、薩摩藩が島民の紬着用を禁じ年貢としたことから、節の少ない上質な繭の糸を用いる、別格の風合いの織物となった。明治時代以降は産業として高機を導入する際、高機に掛けられる、製糸工場で加工された丈夫な生糸にかえることで現在の質感が誕生した。

　フランスのゴブラン織、トルコ・イランのペルシャ絨毯と並び世界三大織物といわれる本場大島紬だが、きものの需要が減る中で今後の商品や市場に課題を抱えている。

薩摩焼（鹿児島市、指宿市、日置市ほか）

　薩摩焼には、白薩摩（白もん）と黒薩摩（黒もん）の2種類がある。白薩摩は、繊細な貫入（ひび模様）のある象牙色や薄黄色などの器肌が特徴で、金線を交えた彩色や、透かし彫りを施す華麗なものもある。黒薩摩は、黒じょか（焼酎の酒器）などのように、黒や褐色の暮らしの器が多い。

　薩摩焼は、豊臣秀吉の文禄・慶長の役（1592〜98年）の際、島津義弘が朝鮮の陶工を薩摩に連れ帰り、やきものをつくらせたことに始まる。陶工たちは、薩摩の各地に窯を開き、多様な展開をみせた。苗代川系、竪野系、龍門司系の窯は今も伝統を継承している。

　苗代川系は、朴平意が串木野に窯を開いたが、苗代川に移った。当初は、黒薩摩や朝鮮の白土を用いた陶器、後には薩摩の白土による白薩摩もつくるようになった。竪野系は、帖佐の宇都窯という藩窯に始まり、主に白薩摩の茶陶を焼いた。龍門司系は、黒薩摩を得意とし、巧みな釉薬の技法で酒器から茶陶まで、幅広く制作してきた。

　限られた原料からつくられる貴重な白薩摩は、藩御用の窯でつくられた。明治維新後はヨーロッパ富裕層に知られる存在となり、「SATSUMA（さつま）」と呼ばれ輸出もされた。当時は、和の絵付けを重視した京都の「京薩摩」や、横浜港から出された「横浜薩摩」も人気を集めた。現在は、伝統の高度な技法を伝える窯と、量産中心の窯、芸術作家の窯などが多彩な作風のもとで活動している。

川辺仏壇（南九州市川辺町）

　川辺仏壇は、本漆の黒塗りの扉を開くと、金箔押しの内陣が輝く金仏壇である。木地

はスギやマツなどの天然木で、彫刻や蒔絵、錺金具などの加飾が荘厳な雰囲気を醸している。やや小型で上質な仏壇は高い評価を得ている。

　川辺仏壇の特徴として、仏壇の宮殿の収まる本体部分と、本体を支える台座とが一体化したコンパクトな「ガマ戸」または「ガマ壇」と呼ばれる型が存在する。江戸時代、薩摩藩により一向宗（浄土真宗）を禁じられたこの地で、なおも信仰を守る人々が、鹿児島でガマといわれる洞窟に集まって念仏を唱えるために小型の仏壇を洞窟内に置いた。この「隠れ念仏」とかかわりがあるといわれる。

　しかし、明治時代初期、廃仏毀釈による寺や仏具の破壊に合わせ、多くの仏壇は失われてしまった。信教の自由がみとめられると、仏壇の需要が高まり、製作も盛んになった。大正〜昭和時代初期にかけてはつくり手が増え、木地・宮殿・彫刻・金具・塗り・仕上げの7部門の分業制が確立した。1975（昭和50）年には国の伝統的工芸品の指定を受けた。

　現在、仏壇の需要減退などにより、生産本数は激減したが、今後に向けて川辺伝統の高品質な仏壇制作のみならず、分業工程の維持が困難になってきた仏壇産地に対して、部門別に協力することを想定して高度な技術の維持に努めている。

薩摩切子（鹿児島市）

深い藍色に覆われたガラスの皿に籠目紋の切り込みが輝き、金赤のグラスにはキクの花びらが煌めく。食器や花瓶、照明器具、そして茶道具や美術品まで、薩摩切子の世界は多彩である。

　薩摩切子は、幕末の鹿児島で西洋のギヤマン（オランダ語でダイヤモンドを意味するカットガラス）を目指して制作された美術工芸品である。最大の特徴は、ガラスのカット面にみられる独特のグラデーションで、「薩摩ぼかし」と呼ばれている。

　透明なガラスに紅や紫、藍、黄などの色ガラスを厚く被せ、精緻なカットを施す薩摩切子は、宝石のように煌めき、重厚な中にぼかしのはかなさを漂わせる。ぼかしを生む厚い色ガラス層は、型に色ガラスを入れて吹いた中に、透明なガラスを注入する西洋式ではなく、吹いた透明ガラスの上に直接色ガラスを巻きつけることで生まれた。

　薩摩切子をつくらせたのは、幕末の薩摩藩主島津斉彬である。欧米に対し、軍備や産業振興に力を注いでいた薩摩藩にあって、海外市場も視野に

入れ、着色ガラスを開発させて切子の制作へと導いた。格式のある大名への贈答品、篤姫の嫁入りの品などに用いた。

　しかし、薩摩切子の製造は、斉彬の急死を機に20年ほどで途絶え、約100年後、鹿児島県の協力を得て島津家が中心となり復元への取り組みを始めた。そこで、多くの協力者を得て成功し、1989（平成元）年に鹿児島県伝統的工芸品に認定された。幕末につくられた薩摩切子の復刻にとどまらず、意匠や技法の開発や異業種との交流を通し、未来への道を切り開きつつある。

種子鋏 (西之表市)

　種子鋏は、種子島の鍛冶の伝統技法を継承してつくられた鋏である。抜群の切れ味と、支点が鋏の中央にある独特のデザインに特徴がある。

　切れ味は、鋏の刃につけられた「ねり」と呼ばれる「くねり」により、切るたびに刃と刃がすり合わされ、「切るたびに磨く」ことによって保たれている。左右対称のもち手と中央の目釘は、シンプルだが伝統を感じさせる。工房は1軒となったが、種子島宇宙センターの人々にも愛用されているという。

　種子島は、弥生時代の鉄製釣針が出土するなど、古代から鉄とかかわりがある。今も鉄浜海岸に堆積している砂鉄を、中世には「たたら製鉄」に利用し、鍛冶職人が刀などにつくり上げていた。

　1543（天文12）年、島主種子島時堯は、明国船で漂着したポルトガル商人のもつ火縄銃を購入し、刀鍛冶の八板金兵衛清定に国産第1号の火縄銃を製作させた。製造法が全国に広まり、量産された鉄砲は戦国時代の戦闘方式を一変させた。

　種子鋏は、鉄砲とともに伝来したという説と、鉄砲伝来以前に伝えられたという説があるようだが、少なくとも約450年の伝統があり、明治時代までは島の砂鉄からつくった鉄を原料としていた。

屋久杉工芸品 (熊毛郡屋久島)

　衝立や机などの屋久杉工芸品は、緻密な杢目や自然の樹形が印象的な木工品である。大物ばかりではなく、カトラリーやぐい呑み、アクセサリーなど、好みの日用品を選ぶこともできる。手にもって使い、からぶきを繰り返していると、杢目の細かい木肌が輝き、屋久杉独特の飴色の艶が出てくる。育てることが楽しみな相棒になる。

屋久杉は神木として尊ばれ、伐採されるようになったのは島津氏が勢力を得てからで、江戸時代には年貢として切り出された。この時代には、主に建材として利用されており、工芸品としての伝統は浅いようである。

　今は天然記念物に指定され、伐採は禁じられている。工芸品に使われる屋久杉は、土埋木と呼ばれる、すでに伐採された屋久杉の切り残された部分である。

　多雨多湿な山中で、栄養の乏しい花崗岩に根を張って育つ屋久杉は成長が遅い。年輪は密になり、樹脂のたまる特徴がある。樹脂が湿潤な環境の中で腐ることを防ぎ、独特な香りの防虫効果により、千年杉といわれる巨木になることができたと考えられている。伐採された木も腐敗することなく、工芸品の材となり、使い手によって艶を増すことになる。

民 話

地域の特徴

鹿児島県は九州の南端に位置し、北を熊本県、宮崎県と接し、南は海を隔てて沖縄県と接している。県本土は大隅地方と薩摩地方に分けられ、北部に霧島、中心部に桜島、南部に開聞岳（かいもんだけ）など、雄大な景色が広がっている。南に連なる離島の始まりは、ポルトガル人来航の種子島、世界自然遺産に登録されている屋久島である。種子島は種子島銃で名を馳せたが、最近は宇宙センターで有名である。縄文杉で有名な屋久島は太古の自然が残っているなどといわれるように山が深い。宮之浦岳（1,936 m）は九州の最高峰でもある。

屋久島、種子島の南には、トカラ列島が奄美諸島まで飛び石のように続いている。奄美諸島は鹿児島県に所属しているが、沖縄県とともに琉球文化圏を形成している。かつての方言区分「北部琉球方言」とは「奄美諸方言」のことである。奄美諸島は歴史的にも数奇の運命をたどっている。為政者も琉球王朝、薩摩藩、鹿児島県、アメリカ軍政、鹿児島県と変遷してきた。奄美諸島は自然環境も本土とは大きく異なっている。亜熱帯性気候で冬でも降雪することはまずない（奄美大島最高峰の湯湾岳（ゆわんだけ）での降雪確認はある）。植物相、動物相も本土とは大きく異なり、来島者の目を楽しませている。国の特別天然記念物アマミノクロウサギは絶滅の危機にあり、ルリカケス（瑠璃色のカケス）、オーストンオオアカゲラ（大型のキツツキ）、アカヒゲ（ヒタキ科の小鳥）などの鳥類も天然記念物である。奄美大島、徳之島には毒蛇ハブが生息している。

伝承と特徴

鹿児島県は岩手県、沖縄県とともに、民話研究のさきがけとなった県である。その理由の一つは、日本民俗学草創期の代表的雑誌『旅と傳説（でんせつ）』が奄美大島（現・奄美市笠利町）出身の萩原正徳（三元社社長）の手によっ

て出版されたことである。『旅と傳説』は創刊号において、日本固有の芸術や伝説の消滅を防ぎ、収集保存の重要性をうたっている。『旅と傳説』は月刊誌として1928（昭和3）年から1944（昭和19）年まで出版され、蓄積された資料・論文は膨大である。現在口承文芸と称される歌謡、ことわざ、昔話、伝説、世間話などの戦前の資料の多くは『旅と傳説』誌上に発表されたものである。柳田國男は『旅と傳説』の理論的支柱であるだけでなく、率先して寄稿し（「木思石語」「伝説と習俗」「昔話新釈」などなど）、全国の民俗学徒に影響を与えた。折口信夫、伊波普猷、中山太郎も寄稿している。

　もう一人は、喜界島（現・喜界町阿伝）出身の岩倉市郎の活動である。岩倉は速記術を駆使して多くの著作を残した。1935（昭和10）年からは渋沢敬三の主催するアチックミュージアムに研究員として所属活動した。戦前における日本語資料の代表的文献である『喜界島方言集』は、彼の訓練された聞き取り能力と、表記能力がいかんなく発揮され、奄美語資料として一級である。現在においても、『喜界島方言集』は、語彙だけでなく、音韻、文法を研究するうえに欠かせない。岩倉は、喜界島の年中行事、漁業習俗に関しても一級資料を残している。

　岩倉は、文野白駒の名で玄久社から新潟県南蒲原郡の民話を『加無波良夜譚』として出版して、昔話研究に一石を投じた。その後、故郷喜界島を調査して『島』などに寄稿、集成して『喜界島昔話集』を出版した。また、故郷奄美の沖永良部島に採訪して『おきえらぶ昔話』、鹿児島本土に近い甑島を採訪して『甑島昔話集』を出版している。彼の業績は戦前の日本民俗学、特に昔話、伝説の研究史に大きな足跡を残した。

おもな民話（昔話）

天人女房　　　徳之島の天人女房譚は、前半が対句を連ねた「口説き（アモロ口説き）」になっていて、巧みに歌われ、後半部が語りになっていることがある。どうして前半部と後半部が異なる叙述形式になっているかは今後の課題となるが、口説き形式をとること自体は沖縄の影響である。徳之島は周辺島嶼に比べ口説きが多く伝承されている。ただ、ここでは紙面の関係上、口説きのない形で紹介しよう。

　天人が天降って東知念川で浴びているとみかる主前が飛び着を隠し、二

人は夫婦になり、七歳、五歳、三歳の子供ができる。上の子が子守り歌で「六つまた倉をつきあけて、母の飛び着をとってやろう」と歌っている。立ち聞きした母は六つまた倉から飛び着をとり出し、七歳の子をおぶって、五歳の子をわきに抱き、三歳になる子はとり落として天へ帰る。天上ではちょうど娘の七年忌をしている。夫は、「わらじを千足作り、その上にきん竹を植えて天に上がってこい」という妻の置き手紙のとおりにして天に上がる。天上ではさっそく「七町歩の木をないでこい」、つぎに「ないだ所をみな耕してこい」と言いつけられるが妻の教えたとおりにする。つぎに「そこに冬瓜を植えてこい」と言いつけられ、また妻に教わる。

つぎに「それをみな収穫してこい」と言いつけられ、これも妻が教えたとおりにする。つぎに「それをみな縦に切れ」と言う。妻は「横に切れ」と言うが親の言うとおりに縦に切ると、冬瓜が大川になり夫婦を流す。流れるときに二人は「なんとか星になろう」と言って流れる。三歳になる末の子のために正月元旦には「米おろし所」という所に、むしろ七枚を敷いておくと、天からいっぱいのつき米がおろされていたが、誰かが元日にふんどしをつるしたためにおろされなくなった。今でもその子孫が元日に行くと、三粒は落ちているという。

天人女房譚は奄美諸島において最も濃い伝承をもつ昔話である。上記の話の原話は、『徳之島の昔話』『奄美大島昔話集』に所載されているが、それを編著者の田畑英勝自身が『日本昔話通観25 鹿児島』のために梗概を書いたものである。原話は前述したように、前半が口説きで、三弦楽器（三線）に合わせて歌われ、後半は語りとなって話されている。夫の名が「みかる主前」となっているのは、この説話を題材とした沖縄の組踊「銘苅子」の影響であろう。編著者田畑英勝は奄美がアメリカ軍政下から日本に復帰すると、いち早く『奄美大島昔話集』を出版、その後、『徳之島の昔話』『奄美諸島の昔話』『増補改訂 奄美大島昔話集』『奄美の伝説』などを上梓して、鹿児島の昔話研究をリード、日本口承文芸学会創設に参加した。

食わず女房 「食わず女房」は「蛇女房型」「鬼女房型」「くも女房型」が流布しているが、甑島では「くも女房型」を聞くことができる。

ある所に、一人暮らしの男がおいやったもんでござい申す。ある日座敷にすわって、お茶でも飲んでおいやったところが、きれいな女が風呂敷ど

もかぶって来て、「あ申し、御免くだはれ」と言う。「あなたはいじゅく（どこ）の者か」「いじゅくとも知れんもんでござる」「何しにこの辺へぶらめいて来たか」「実はあなたの内方にないけ（なりに）来申したわけで」「俺は一人者であるが、こんな小屋では、そのことはお断りじゃ」「いいやぜひ、あなたを見込んで来たわけであるから──」「見かけて来やったことならば、しかたはござらん」。女はその日からだんだんその家の仕事をして、二月、三月とたつと、世間の人の噂に、「あの女ごは夫の出た後、握り飯をつくっては、ごろくぼ（ぼんのくぼ）に入れ入れする」──夫が聞いて、妙な話を聞いたもんじゃ、今日は陰見してみよう。──家の裏にさがんで（しゃがんで）見ておったところが、ほんのこと、飯を炊いて握り飯を作って、ごろくぼに入れ入れして食べている。こら世間の人の噂のごと、ほんまだ──、玄関に回ってエヘッと言うと、女はびっくいして、そこらを取り片付けて、知らん振りしている。「その方は俺のおらん間に、飯を炊いて食い食いしているようだが」と言うと、女は、「さて今まで何か月一緒に暮らしたが、正体を見られたは残念」と言うてヌシトコブ（家の中に住むくも）になって、自在鍵（鈎）からチョロチョロと家のそら（天井）に上った。そして上って行く行く「この報いは歳の夜にやる」という。男の家の隣に鍛冶屋があった。男はそこへ行って、どうすればよいか相談した。「鍛冶屋さん、鍛冶屋さん、どうすればしのぎが取れるか、教えてくだはれ」「よしよし、火箸を、一本は右捻じり、一本は左捻じり、一本は一分長く、一本は一分短く作って上げるから、歳の夜になって、どんな小さいコブが自在鍵かり下りて来ても、長い方の火箸で殺せ」──。歳の夜になった。なるほどコブか芥かという小さい物が自在鍵を下りて来た。それを長い方の箸で突き殺したところが、座敷いっぱい八本の手を広げて、大きなヌシトコブが死んだ。それから火箸は右ねじり左ねじりに作るようになったということである（『甑島昔話集』）。

　女房の正体は「家ぐも」であるが、戦後遅れて採集した話では「地ぐも」となっている資料もある。夫の相談相手が鍛冶屋というのも、鍛冶屋の呪力が信じられているからである。岩倉の甑島採訪は、1927（昭和12）年で、一冊にまとまったのは戦時下の1943（昭和18）年である。

小島の暗河
くらごう

「だんと　音わたる　島尻ぬ暗河、をぅなりゐひり知ら
うとう　　　　　　　　くらごう
ぬ　あはれ暗河（島歌の歌詞で、〈なんと　その名も高い
島尻の暗河よ、兄妹の見分けもつかない　あはれ、暗河〉という意味)」。
このネィグリ（根本、由来の意味）はこういうことだ。昔は、そこに作っ
てあるような、サバ（草履）を作って履くものであった。ヰヒリ（男の兄
弟）がヲゥナリ（女の兄弟）に二つのサバを作って持って来て、いいサバ
はネンゴロ（妾）にやって、悪い方はお前が履けといって渡してあった。
ヲゥナリは　妾のサバが綺麗だったので、それを妾にやらずに自分のもの
　　　　　ねんごろ
にしてしまった。ある日、そのサバが暗河の入口にぬいであったので、男
はてっきり妾が暗河にいるものと思いこみ、その暗河の中で自分のヲゥナ
リをねいんごろにしてしまった。そこで、そのヲゥナリは人のしないこと
をしたというので身を投げて死んでしまったという（『徳之島の昔話』）。

　奄美諸島の鍾乳洞はその規模から沖永良部が有名であるが、徳之島の小
島の鍾乳洞も美しい。暗河とは地下に潜った鍾乳洞中の川である。太陽が
あたらず暗いので暗河という。この話は視界がきかない暗河で間違いを犯
した兄妹の悲しい物語である。そして、島歌と支え合いながら伝承されて
きたというのは特筆にあたいする。歌と民話、歌とことわざ、ことわざと
民話が、互いに支え合いながら伝承されるというのは奄美口承文芸の特徴
でもある。

おもな民話（世間話）

ケィンムン

奄美の夜には、多くの妖怪がばっこするが、なかでも恐
れられてきたのはケィンムンである。

　これはカマド小父という人が熱病になった人を治したという話だよ。こ
れは宇検（現、宇検村宇検）であった話だよ。それは男の人が大熱を出し
　　うけん
て、体の下に芭蕉の葉を敷き、上からは水を汲みかけて、懸命に熱をさげ
ようと努力したんだが、いっさい熱はさがらなかったそうな。それで、「そ
れじゃ、カマド小父をお供してこい（案内して連れてこい）」と言って、
カマド小父はお供されて、神様拝みに行くと、その家の前に積み置かれて
いる割り木（薪にする木）の上でケィンムンが、「これは私の取り分」、「こ

れは私の取り分」と言って、大騒ぎをして割り木の配分をしていたそうな。それでカマド小父は、「ああ、これはケィンムンの仕業だ」と言って、それからその熱病になっている人が木を伐ったところへ行き、代え木（伐った木の代わりの木）を植えて、そこで高盆を供えて拝んだところが、拝み終わると同時に熱がさがったという話だよ（『奄美大島の口承説話』）。

　この話はケィンムンの棲む大木を伐ったため、高熱が出た人を、カマド小父が救ったという話である。カマド小父は昭和10年代〜30年代にかけて活躍した霊験あらたかな大和村名音集落の神拝みをする人である。大和村だけでなく宇検村にもその名を知られており、各地に逸話が残っている。

　ケィンムンは大木、特にガジュマル、アコウなどに棲んでいると言われるが、大和村では松の大木も怖れられている。その姿を見た人も多く、赤毛でおかっぱ頭、手足が長く、よくガジュマルの下に座っているという。座り方に特徴があり、いわゆる体操座りをしているが、そのすねは頭の上に飛び出すくらいに長いという。頭に皿があるという地域もあるが、ない地域が多い。笠利町では膝頭に皿があるという集落もある。相撲を好むなどは、本土の河童に近い。火の怪となって現れることが多いが、臭いの怪、音の怪として姿を現さないことも多い。道の怪、山の怪、川の怪、海の怪として神出鬼没な妖怪である。最近はそのキャラクターから、ケィンムンが絵本、紙芝居、民話劇の主人公となったり、包装紙のイラストやマスコットになったりしている。小さ子妖怪として、朝鮮半島のトッケビ、沖縄のキジムナー、本土の河童と類縁関係にある。

妖怪伝承

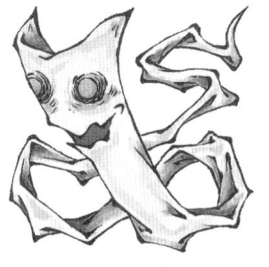

イッタンモンメン

地域の特徴

鹿児島県は、九州島の南部に位置し、北側を宮崎県および熊本県と接し、南側を沖縄県と接している。東側を太平洋に接する大隅地域、西側を東中国海に接する薩摩地域、さらに、黒潮本流沿いに東中国海と太平洋の狭間に連なる、種子、屋久、トカラ、奄美諸島からなる。南の与論島から北薩摩の出水まで、南北600kmに及ぶ広がりをもっている。

こうした広がりがあるために、方言や民俗文化もそれぞれの地域ごとに異なり、多様な様相を示す。特に、竹をキーワードとしてこの地域の民俗文化をみていくと、東・南中国海を取り囲む東南アジア大陸部や中国南西部の少数民族の民俗文化との精緻な重なり合いが認められる。それは、有形、無形に関わらず、生活の基盤のレベルで確認することができる。かつて柳田國男が『海上の道』で提示した「比較の学問の夜明け」の実践の場として、この地域の民俗文化が特権的な位置を占めていることは、いまだに変わっていないといってよい。

伝承の特徴

薩摩地域や大隅地域は、山がちな地形が多く、川内川、万瀬川、別府川、天降川、肝属川という大きな河川が深く入り込んでいる。こうした地形は、河川は短いものの海に囲まれている奄美大島や徳之島も状況は変わらない。そうした環境は、水の精、山の精としての河童系の伝承を豊かにしている。それは、川と山を、海を行き交い、人間世界と近しく生きる物として、現在も生き生きと語られる。また、子どもたちの行動を抑制、矯正させるために、黄昏時や夜に恐怖感をもって語られる妖怪も伝承されている。

一方、民間の伝承だけでなく、『倭文麻環（しずのおだまき）』や『兵六物語』『南島雑話』などの江戸時代の文献にも、河童、猫、狐、牛などさまざまなかたちの伝承が記されている。

イッタンモンメン

志布志市有明町や肝属郡肝付町で伝承されている。水木しげるの漫画で一反木綿として有名になった妖怪である。長さ11mほどの木綿の姿をしていて、夜道を歩いているとひらひらと飛んできて、人の首や体に巻きつくものだという。昔、霧の深い夜、一人の侍がイッタンモンメンに出くわした。体に巻きついてきたので、二つに切り裂くと1枚は足元に、もう1枚は山奥の方に飛んで行った。刀の切っ先には赤い血がべっとりとついていたと語られる（「血を流す布のような妖怪―一反木綿（イッタンモンメン）」）。イッタンモンメンとは、一反物メンの意である。

大隅地方では、夕方子どもたちが遅くまで外で遊んでいたり、親の言うことを聞かなかったりすると、「メン（メンドンとも）が来るぞ」と脅されるもので、姿ははっきりしないが恐ろしい存在としてメンが語られていた。また、鹿児島郡三島村硫黄島の八朔祭りに出現し人々を脅かし、祝福する仮面仮装の神は「メンドン」とよばれる。この妖怪も木綿ではなくメンなのである。

ウワームヌ

ウワーは豚、ムヌは幽霊のことである。与論島では、夜半過ぎに幽霊が出るとされる道を歩いていると、豚が人間に向かってやってくる。そのときに股を潜らせると魂を奪われ命を失うという。それを防ぐには両足を交差させるとか、手に持った藁を片手で地面に立てて脇の下を通す（『奄美大島与論島の民俗語彙と昔話』）。また、沖永良部島では、夜魔物が現れる村の境界のヌンギドコロを歩いていると、シューゥワ（白豚）が出没する。このシューゥワに股を潜られると死ぬ。だから、出遭ったら両足をアジサッコウ（交差）して歩くという（「ムン話」）。ラオス北部、ヴェトナム北部、中国南西部の少数民族や、東南アジア大陸部北部の焼畑民のあいだでは、黒豚はもちろん黒（赤）色の家畜こそが儀礼において供犠に用いられる聖なる色で、白色の家畜は忌避される対象である。奄美諸島の白い豚の伝承もこうしたアジアの色の思想を共有するものであると考えられる。

海賊与助の霊

トカラ列島で語られる油津（現在の宮崎県日南市）の海賊与助に関する伝承である。16世紀中頃、トカラの

島々を荒らしまわっていた海賊与助は、中之島の島民の計略にはまり虐殺された。村から牧場に行く途中の坂中にある大岩（与助岩）の下に埋められた。その後、与助の怨霊がブト（蚋）に姿を変えて、人々の血を吸うようになったという。人々は、与助の怨霊を慰めるために、盆に供物を供え、与助踊りを踊る。

ガラッパ

河童のことである。頭頂には水をたたえた皿をもち、頭髪は長く、手足も長く、指の間には水掻きがあり、背中には甲羅を背負っているのが、語られる標準的な姿である。ヒエクサイ（生臭い）臭いがするといわれ、ドクダミの臭いがガラッパの臭いであると認識され、ドクダミのことをガラッパグサとよぶ。川で水遊びしている子どものジゴンス（尻の穴）を抜くと恐れられる。子どもたちは、川でおしっこをしたくなったときは、「ガラッパドン、ガラッパドン、ショベンヌ　サセックイヤイ」と断ってから行う。また薩摩や大隅地域では、梅雨時あるいは夏に川に団子を流して水難防止を河童に祈願する、ダゴナガシ、カワマツリ、スイジンマツリなどとよばれる祈願祭が行われる。ガラッパは、春の彼岸には山から川に下り、秋の彼岸には川から山に登りヤマワロ（山童）になるといわれ、田ノ神と山の神の去来と重なる伝承もうかがえる。特に、梅雨時には雨が降るなか、山の尾根筋を伝って、ヒョウー、ヒョウーと鳴きながら、山と川の間を上り下りするともいわれる。特に、川内川流域にはガラッパの伝承が多く、鹿児島では川内市域の人々のことを揶揄して「センデ（川内）ガラッパ」とよぶ。また、牛馬を水の中に引きずり込んだり、いたずらをしたりする。志布志市周辺では、牛馬が理由もなしに暴れて困った場合は、ガラッパのせいだといって、牛馬の安全を祀る笠木山のオカサッドンにお参りする。

　例えば、川内市藺牟田町黒木に伝わる伝承は典型的な伝承である。大王川の三角淵に住むガラッパは、手足に水掻きのある指を3本ずつもち、両手は体の中で繋がっていて、片方の手を自由に伸縮させることができた。髪はおかっぱで、頭頂には皿があり、この水が枯れると力を失う。このガラッパドンはいたずら好きで、種播き後、畑で相撲を取って荒したり、馬のたてがみを編んだり、牛の口綱を解き放したり、子どもを水の中に引きずり込んで、口から手を入れて肝を抜いたりなど、村人を困らせていた。ただ、上手に頼めば田植えや、田の草取り、山からの木の搬出を手伝いも

してくれていた。そこで大王神社の宮司が一計を案じ、宴席に招き、人間には見た目のよく似たやわらかい筍をガラッパには固い筍の根の料理でもてなす。その固さを食べる人間の歯の強さを恐れ、口から手を入れるのをやめて、尻の穴から手を入れることにする。それ以降水死した人の尻には大きな穴が開くようになったという（『けどういんの民話』）。

ケンムン　ケンムンとは木の者の意で、ガジュマルという木に住む精霊であるとされる。幕末期に鹿児島から奄美大島に流罪となった名越左源太は、その著『南島雑話』に「水恬 カワタロ 山ワロ 好テ相撲ヲトル適其形ヲミル人スクナシ且テ人ニアダヲナサス却テ樵夫ニ随木ヲ負テ加勢スト云必人家ヲミレハ逃去住用ノ當幾ニ尋テ図ス」と記し、赤ら顔で、おかっぱ頭で、頭頂には皿を頂き、全身は毛でおおわれて、屈んだ2頭のケンムンが描かれている。相撲を好むこと、山仕事を手伝うこと、人家に近づかないことなどの特徴をあげて、鹿児島のガラッパ（カワタロ、ヤマタロ）と同じものと理解していたことがわかる。しかし、奄美の人々のあいだで語られるケンムンは、さらに多様な存在である。奄美の民俗研究者の恵原義盛氏は、その背丈は5、6歳の子どもくらいであること、雄ヤギの臭いがすること、ケンムンマチ（ケンモン松明）といって青白い光を放つこと、魚の目が好物で漁師の獲物の目玉を剔り抜いて食べてしまうこと、貝が好きなこと、蛸はヤツデマル（八つの手のもの）といって怖がること、金属を嫌うこと、人間の目を突くこと、投網の邪魔をすること、子どもを水中に引きずり込むこと、崖から人を投げ転がすこと、人に仕返しをすること、さらに、人に恩返しをすること、人と仲良しになることなどをあげ、その多様な存在を描き出している（『奄美のケンモン』）。奄美大島では、ケンムンは過去のこととして話されるだけでなく、現在も依然として遭遇した話が生成され、ケンムンは存在するか、しないかの論議も盛んに繰り広げられている。

テング　『倭文麻環』は、島津家の包丁人で助市という者が、天狗に化けた怪鳥の片翼を切り落とす様子と、大小2本の刀を持ちその怪鳥と取っ組み合いをする絵を掲げている。描かれた怪鳥は、助市よりも大きく、大きな翼をもち、頭髪は逆立ち、頭頂には兜巾を付け、眼光はキラキラと光り、嘴は鋭く尖り、両手の4本の指には長い爪をもち、左の手には八つ手の扇を持ち、両足は3本の指に鋭い爪をもっている。兜巾を

付けている点から山伏の姿がうかがえる。それに対して、『南島雑話』に描かれた飛天夜叉(てんぐかなし)は、二枚歯の高下駄を履いた普通の人間の姿をしており、扇も持ってはおらず、鼻高でもない。

　一方、民間に伝承されている天狗は、雲を突くような大きな体をしていて、赤い着物を着て八つ手のような扇を持っていると語られる。空を飛び渡り、持った扇で人を飛ばすなど異常な能力を発揮し、さらに、大岩を持ち上げて山をつくり上げたり、崩したりする（『川内地方を中心とせる郷土誌と伝説西薩摩の民謡』）。また、山中で木を倒す音がするが、行ってみると何もない、これは天狗の仕業だという（『十島村誌』）。さらに、恵原義盛によれば、奄美大島の天狗も山の木倒しと同様のことを行うという（『奄美のケンモン』）。

奈麻戸奴加奈之（なまとんかなし）

　『南島雑話』に描かれた八角八足で、腹と腿に白い星がある怪牛で、普通の牛より大きいとある。耕作の神であり、生神であると信じられ、人々はこれを見ることをタブー視しているとされる。名越左源太はこれを見て「全ク造リモノナリ」と指摘している。小野重朗によれば、この神は、加計呂麻島のノロ（琉球王府から任命された地域の女性司祭者）が行う旧暦2月にテルコ（海の国）の神を迎えるオムケ（御迎え）と4月に送るオーホリ（御送り）の祭りの際に出現することから、テルコから去来する牛の霊であろうとする（『奄美民俗文化の研究』）。耕作の神と信じられているのは、田畑を耕す牛に対する畏敬の念が根底にあると思われる。

高校野球

鹿児島県高校野球史

鹿児島県では，1898年頃に創部した鹿児島商業が最も古いとされている．以後，鹿児島一中（現在の鶴丸高校），鹿児島師範などの間で試合が行われた．1903年第七高等学校が主催して開かれた県下中等学校連合野球大会には9校が参加し，加治木中学（現在の加治木高校）が優勝した．

25年第2回選抜大会に九州から初めて鹿児島一中が選ばれ，鹿児島県初の甲子園出場となった．27年夏には鹿児島商業がベスト8まで進出．

戦後，60年から1県1校となり，当時は鹿児島玉龍高校と鹿児島商業，鹿児島高校が強く，主にこの3校が甲子園に出場した．

その後，鹿児島高校は67年夏，鹿児島玉龍高校も71年夏を最後に甲子園に進むことができなくなり，代わって鹿児島実業と鹿児島商工が台頭，鹿児島商業と合わせた3校が県内の3強となった．

72年から2001年選抜までの30年間，春夏合わせて鹿児島実業が19回，樟南高校が17回，鹿児島商業が8回甲子園に出場しているのに対し，それ以外の学校が甲子園に進んだのは，80年夏の川内実業（現在のれいめい高校）の1回のみである．

90年代に入ると鹿児島商業の出場回数が減少．94年には鹿児島商工が樟南高校と改称して，以後樟南高校と鹿児島実業の2強となった．

94年夏には樟南高校が鹿児島県勢として春夏通じて初めて決勝戦に進出，同点で迎えた9回に満塁ホームランを打たれて佐賀商業に敗れ準優勝となった．続いて，96年春には鹿児島実業が選抜大会では鹿児島県勢として初となる優勝を達成した．

1990年代に鹿児島実業が甲子園であげた20勝はPL学園高校と同じで，全国最多の天理高校や智弁和歌山高校とわずかに1勝しか違わない．

2005年選抜に神村学園高校が初出場するといきなり準優勝，以後は鹿児島商業に代わって，同校と樟南高校，鹿児島実業の3強となっている．

鹿児島高 （鹿児島市，私立） 春0回・夏2回出場
通算0勝2敗

　1923年鹿児島高等女学校として創立．48年に鹿児島中学校，鹿児島高等家政女学校を統合して津曲学園高校となった．50年鹿児島高校と改称．

　鹿児島中学時代の30年から夏の南九州大会に参加．63年夏に甲子園初出場，67年夏にも出場した．

鹿児島玉龍高 （鹿児島市，市立） 春3回・夏4回出場
通算2勝7敗

　1940年鹿児島市立鹿児島中学校として創立．48年の学制改革で鹿児島市立高校第一部となる．50年同校第三部と合併して鹿児島県玉龍高校と改称した．57年鹿児島玉龍高校と改称．

　市立鹿児島中学時代の45年に創部し，翌46年夏に県大会に初参加．56年選抜で甲子園に初出場した．71年夏にはベスト8まで進んでいる．

鹿児島工 （鹿児島市，県立） 春1回・夏1回出場
通算4勝2敗1分

　1908年鹿児島郡立徒弟学校として創立．19年県立に移管して県立工業学校となり，27年県立鹿児島工業学校と改称．48年の学制改革で鹿児島高校に統合されたが，翌49年再独立して鹿児島工業高校となる．

　21年創部．2006年夏甲子園に初出場を果たすと，ベスト4まで進んで注目を集めた．08年選抜にも出場している．

鹿児島実 （鹿児島市，私立） 春9回・夏19回出場
通算33勝27敗，優勝1回

　1916年鹿児島実業中学館として創立し，17年鹿児島実業学校と改称．48年の学制改革で鹿児島実業高校となる．

　18年創部．61年夏に甲子園初出場．74年夏にベスト4まで進むと，以後は常連校として活躍．96年選抜で優勝するなど，90年代には甲子園で20勝をあげた．98年夏1回戦の八戸工大一高戦では杉内俊哉投手がノーヒットノーランを達成している．

鹿児島商 （鹿児島市，市立）
春 12 回・夏 13 回出場
通算 15 勝 25 敗 1 分

1894年鹿児島簡易商業学校として創立. 1904年市立鹿児島商業学校となる. 48年の学制改革で鹿児島高等学校に統合されて同校の第三部となり，50年鹿児島商業高校として独立.

1898年創部. 1927年夏甲子園に初出場するとベスト8まで進出，戦前だけで春夏合わせて8回出場した. 戦後も出場を重ね，86年夏にはベスト4まで進んでいる. 近年では2007年選抜に出場している.

神村学園高 （いちき串木野市，私立）
春 5 回・夏 5 回出場
通算 10 勝 10 敗，準優勝 1 回

1956年創立の串木野経理専門学校が前身. 65年串木野商業女子高校が創立され，67年串木野女子高校と改称. 90年神村学園と改称.

2003年創部，3年目の05年選抜に初出場するといきなり決勝まで進んで準優勝した. 以後，常連校として活躍している.

甲南高 （鹿児島市，県立）
春 0 回・夏 2 回出場
通算 0 勝 2 敗

1901年鹿児島県立第一中学校分校として創立し，06年県立第二鹿児島中学校として独立. 48年の学制改革で鹿児島高校第四部となり，49年旧県立第二高等女学校と統合して，県立甲南高校となった.

分校時代の1903年に県下野球大会に参加している. 30年夏に甲子園初出場，戦後も53年夏に出場した.

樟南高 （鹿児島市，私立）
春 7 回・夏 19 回出場
通算 28 勝 26 敗，準優勝 1 回

1883年博約義塾として創立. 1916年博約鉄道学校，25年鹿児島鉄道学校を経て，50年に鹿児島鉄道高校となる. 60年商業科を設立して鹿児島商工と改称し，94年樟南高校と改称.

1903年に開催された七高主催の第1回県下中学校連合野球大会に，博約義塾が参加しているが，第2回以降は参加しておらず，正式な創部は鹿児島鉄道時代の54年. 70年夏に甲子園初出場. 82年春に初勝利をあげると，以後は強豪校として活躍. 樟南高校と改称した94年夏に準優勝した. 99年夏にもベスト4に進んでいる.

㉞鹿児島県大会結果（平成以降）

	優勝校	スコア	準優勝校	ベスト4		甲子園成績
1989年	鹿児島商工	3 − 1	鹿児島商	鹿児島城西高	鹿児島実	初戦敗退
1990年	鹿児島実	4 − 0	武岡台高	出水中央高	伊集院高	ベスト8
1991年	鹿児島実	7 − 3	鹿児島商工	鹿屋工	鹿児島商	ベスト4
1992年	鹿児島商工	2 − 0	鹿児島商	鹿屋中央高	出水高	初戦敗退
1993年	鹿児島商工	2 − 1	鹿児島南高	鹿児島商	鹿児島玉龍高	3回戦
1994年	樟南高	5 − 3	鹿児島実	鹿児島南高	れいめい高	準優勝
1995年	鹿児島商	5 − 3	鹿児島南高	れいめい高	出水高	2回戦
1996年	鹿児島実	18 − 0	鹿児島商	れいめい高	樟南高	ベスト8
1997年	鹿児島実	13 − 11	鹿児島玉龍高	樟南高	れいめい高	初戦敗退
1998年	鹿児島実	3 − 1	川内高	樟南高	鹿児島商	2回戦
1999年	樟南高	4 − 1	鹿児島実	枕崎高	尚志館高	ベスト4
2000年	樟南高	6 − 1	鹿児島城西高	鹿児島実	伊集院高	ベスト8
2001年	樟南高	7 − 0	鹿児島実	鹿児島商	鹿児島玉龍高	初戦敗退
2002年	樟南高	7 − 3	鹿児島商	出水工	鹿児島高	初戦敗退
2003年	樟南高	3 − 2	鹿児島商	枕崎高	鹿児島城西高	初戦敗退
2004年	鹿児島実	6 − 5	鹿屋中央高	鹿児島商	れいめい高	初戦敗退
2005年	樟南高	5 − 4	神村学園高	種子島高	鹿屋中央高	ベスト8
2006年	鹿児島工	8 − 7	鹿屋高	川内高	れいめい高	ベスト4
2007年	神村学園高	5 − 4	鹿児島実	鹿児島商	樟南高	2回戦
2008年	鹿児島実	4 − 2	鹿児島工	樟南高	神村学園高	3回戦
2009年	樟南高	3 − 2	鹿児島城西高	鹿児島南高	神村学園高	初戦敗退
2010年	鹿児島実	2 − 0	樟南高	鹿児島南高	鹿児島高	3回戦
2011年	神村学園高	9 − 1	薩摩中央高	鹿屋中央高	鹿児島実	初戦敗退
2012年	神村学園高	11 − 3	鹿児島実	加治木工	川内高	3回戦
2013年	樟南高	4 − 3	鹿児島実	鹿児島情報	鹿屋工	2回戦
2014年	鹿屋中央高	3 − 1	神村学園高	国分中央高	鹿屋高	2回戦
2015年	鹿児島実	7 − 5	鹿児島城西高	神村学園高	鹿児島情報	2回戦
2016年	樟南高	3 − 2	鹿児島実	川内高	志布志高	2回戦
2017年	神村学園高	5 − 2	鹿児島高	樟南高	鹿屋中央高	3回戦
2018年	鹿児島実	9 − 1	鹿屋中央高	鹿屋農	鹿児島南高	初戦敗退
2019年	神村学園高	5 − 3	鹿屋中央高	国分中央高	れいめい高	2回戦
2020年	神村学園高	12 − 2	国分中央高	樟南高	鹿児島玉龍高	（中止）

注）2016年の決勝は延長15回1−1で引き分け再試合

やきもの

苗代川焼（茶家と猪口）

地域の歴史的な背景

　鹿児島県のやきものの代表といえば苗代川焼である。なお、苗代川焼を中心に、堅野焼や龍門司焼を含めて薩摩焼とも総称する。

　苗代川は古い地名で、現在の日置市東市来町辺りをいう。薩摩半島の西側で海岸線に沿った平地の中央部。そこは、約430年ほど前、豊臣秀吉による朝鮮出兵（文禄・慶長の役：1593〜98年）に従軍した薩摩島津藩主（島津義弘）に連行された朝鮮の陶工たちが住みついたところである。薩摩藩主に限らず、朝鮮に渡った西国大名たちは、朝鮮の陶器が優れていることに目をつけ、自国でも陶業を興させるために陶工を連れ帰った。長州毛利藩の萩焼（山口県萩市）や細川藩の上野焼（福岡県田川郡）、筑前黒田藩の高取焼（福岡県鞍手郡）などの興りも同様である。

　その中で、史実が最も明らかに遺されているのが苗代川であった。それは、島津藩の政策によって明治に至るまでそこが藩用地として扱われたからである。例えば、文政6（1823）年の『立野並苗代川焼物高麗人渡来在附由来記』などを見ると、苗代川に移り住んだ朝鮮人陶工たちは一般の農民や町人とは別の身分となっている。姓も朝鮮の姓を名乗り、他との縁組や転職が許可されていない。ただ、そうした規制はあったものの、身分的には厚遇もされたようだ。武士並みの屋敷や門構えが許され、扶持米をもらってもいる。彼らはそうした環境の中で、江戸時代を通じて藩に納める陶器を焼き続けたのである。特に、白物が藩用として高い評価を受けていた。

　やがて、明治になると、異国人としての規制がなくなったものの、藩からの保護も一切なくなった。その後、苦難の日々が続くが、窯場の火を絶やすことはなかった。その深くて重い歴史は、司馬遼太郎『故郷忘

じがたく候』にも詳しい。

苗代川焼

黒物と白物　苗代川焼は、大別すると白物と黒物の2つの系統に分けられる。白物はもともとは薩摩藩に上納するために焼かれたもので、茶器・花器・香炉・置物などのいわゆる上手物が主流である。全体に白い釉薬を用いており、具象的で綿密な絵付と透し彫に代表される彫刻技術に妙がある。

　一方の黒物は、黒の釉薬を用いている。半胴と呼ばれる水甕、雲助と呼ばれる注ぎ口の付いた口細の焼酎壺、茶家と呼ばれる酒器、そして、擂鉢などの日常雑器が中心に焼かれてきた。

　現在の陶器は、経済の高度成長期以降の生活様式の大きな変化により、黒物の需要が減少し、特に大型の陶器が後退した。その反面、白物が多く焼かれる傾向にある。

挽きと叩きの技法　ここでの細工には、「挽き」（ロクロ〈轆轤〉挽き）と「叩き」がある。挽きは、ロクロの上の粘土を手の指だけでつまんで伸ばしていく方法で、最も一般的な成形の技法である。特に、器形の小さいものが主流の白物は、ロクロ挽きで成形されてきた。

　一方の叩きは、布で巻いた木の盤を内側に当て、外側から板で叩き伸ばしながら形をつくっていく技法である。ロクロも使うが、あえてロクロを必要としないという意味では、より原初的な技法といえよう。叩き技法は粘土を強く締めやすいため、特に甕や鉢などの大型容器の成形に適している。

　まず、一握りの粘土をロクロの上に置き、木槌でそれを円盤状に叩いて伸ばす。これが鉢の底となる。その縁に棒状に練り伸ばした粘土を巻き上げ、ロクロを回しながら、あるいは人が後ずさりに回りながら叩き技法をもって成形していくのである。

　ちなみに、この叩きの技法は山口県以南、九州一円の窯場に分布して

いる。つまり、別名やきもの戦争ともいわれた文禄・慶長の役が直接の起因となって発達した窯場を中心に伝えられているのである。そうした事実からすると、それは朝鮮半島系の技法、といえるであろう。

　なお、白物はほとんどがロクロ挽きでつくられる。が、置物の人形や唐獅子などには、型どり（型づくり）という技法が用いられてきた。つまり、左右2つの型に粘土を入れて、それを合わせる方法である。その型は、現在は石膏型を用いているが、大正時代の頃までは素焼（土器）型を用いていた。

龍門司焼

　苗代川焼と同様に、文禄・慶長の役後に朝鮮陶工によって開かれた窯である。が、江戸期に窯場が何カ所か点々として現在地（姶良市加治木町）に定着するまでの間に、ここではすっかり高麗系の生活様式が消えてしまった。開祖である金氏の系譜も定かでない。ただ、窯場の裏山に「高麗神」が祀られている。それが、かろうじて歴史の重さを物語っているのである。

　龍門司焼は、元から日常雑器が中心であった。今でも食器類が多い。色調は、数種類がある。黒地に玉流し（白い釉薬を流し掛けたもの）、三彩風（3色の色釉による文様のあるもの）、貫入の入った油滴天目風（油の点滴に似た釉色が現れたもの）、それに鮫肌風（釉面がざらざらして鮫肌のように小粒になったもの）などがその代表である。

　素地の粘土も、釉薬の土も、ほとんどを地場の土に頼っており、その意味では素朴さを愚直に伝えている。だが、昨今は食器や花器を中心とする民芸品の生産が盛んである。

　ここで特筆すべきは、かつては銘々に窯を焼いていたのを、昭和25（1950）年から「龍門司焼企業組合」として統合、会社組織としたことである。現在、正規の組合員（元の窯元）は4軒。かつての窯元数よりは半減しているが、よく歩調を合わせてほぼ隔月で登り窯に火入がなされている。

　なお、同系異種ともいうべきやきものに、現在は鹿児島市谷山塩谷町

に窯がある長太郎焼がある。

堅野焼・平佐焼など

　堅野焼は、藩主島津義弘が朝鮮人陶工金海に命じてつくらせた数カ所の窯で焼かれた。慶長6（1601）年、宇都窯（姶良市姶良町）が開窯したが、慶長13（1608）年には藩主の加治木移城に伴い、金海が城内（加治木町）に御里窯を築いた。当時は、黒飴釉や黒飴釉と白釉を二重掛けした茶入や茶碗などの茶器が多く焼かれた。特に茶入には優れた作品が多い。また、純白に近い胎土の火計手や御判手茶碗なども焼かれたといわれ、それらは古帖佐と呼ばれて珍重された。金海は、義弘が没した翌年の元和6（1620）年、御里窯を閉じて堅野（姶良市）に冷水窯を開窯。冷水窯は、当初は宇都窯や御里窯と同じ単室登り窯であったが、やがて連房式登り窯へと転換した。開窯当初は、藩主直属の窯として庇護を受け、何人かの名工を輩出している。高麗伝来の微細な貫入のある白陶が多くつくられた。さらに、藩主の命により有田や京都、瀬戸などへも陶工を派遣。先進の技術を積極的に導入した結果、白薩摩の錦手を始め、大白、染付、宋胡録写しに黒薩摩の三島写しなど優れた茶陶が焼かれたが、日常雑器も多く手掛けている。しかし、江戸後期には衰退した。ただ、分窯した長田窯と稲荷窯はその後も続き、稲荷窯は明治元（1868）年に閉窯したが、長田窯は明治3（1870）年に田ノ浦窯に引き継がれた。

　なお、安政2（1855）年には藩主島津斉彬が苗代川窯の陶工を招き、磯御庭焼（磯窯）を開いている。そこでは、錦手の白薩摩などが焼かれたが、文久3（1863）年の薩英戦で砲撃を受けて閉窯した。

　一方、平佐焼は、朝鮮系とは別系統である。安永年間（1772～81年）に、平佐郷（川内市天辰町）の今井儀右衛門が出水郡脇本村（阿久根市脇本）に脇本窯（磁器窯）を設けたのが始まりとされる。しかし、2年ほどで資金難から閉窯。その後、領主北郷久陣の庇護を受けて有田から陶工を招き、天辰村に北郷窯を開いた。その時期は天明6（1786）年の頃といわれるが、定かでない。その後、北郷窯の東に平佐大窯を築いて移転。この窯は薩摩焼最大の窯とされる。さらに、弘化3（1846）年には色絵窯を、

嘉永元（1848）年には新窯を増築。文久元（1861）年以降は、呉須の調合法や色絵付の指導を受けるなどして改良を図り、技術の向上に努めた。

　製品は日常雑器が中心で、有田焼風の染付（赤絵）がなされたものが多く焼かれた。明治末から大正にかけて肥前（佐賀県・長崎県）の磁器が大量に出回るようになると、平佐窯もそれに対抗して赤絵や鼈甲焼を世にだすものの量産はかなわなかった。そして、第2次大戦中の昭和16（1941）年に廃絶してしまった。

 Topics ● 黒薩摩の変貌

　近年、薩摩焼（苗代川焼）の里、美山（日置市）は、大きな変貌をとげている。生活雑器の黒物を焼く従来の窯が廃絶したり、その系統が減少する傾向にあるのだ。現在、黒薩摩だけをつくっている窯は、わずかである。

　もっとも象徴的なのは、佐太郎窯がなくなったことであろう。日本の民芸運動の創始者である柳宗悦は、佐太郎窯の黒物に感動し、黒チョカ（酒器）を民芸の代表例に加えることにした、と著書で紹介している。つまり、佐太郎窯がなくなるということは、美山における民芸運動の終わりをも意味する、といってもよいだろう。

　だが、村の若い陶工たちは、なお作陶に情熱を注ぎ、日々の暮らしに役立つ「暮らしの道具」をつくり続けたい、という。美山は、「工芸村」という新たなアイデンティティと方向性を得ようとしているのだ。

　そうしたなか、昭和61（1986）年から、毎年11月には美山窯元祭りが開かれている。これは、朝鮮半島からこの地に陶芸の技術を伝えた先人の功績を称えるとともに、その伝統と歴史に触れてもらおうと、「見る」「買う」「体験する」「食べる」をコンセプトに始められた催しである。毎年およそ5万人ほどの人々でにぎわい、特に、美山の登り窯で焼くパンや薩摩焼の茶碗でお茶が飲める茶屋などが人気を呼んでいる、という。

IV

風景の文化編

地名由来

「火の神」桜島から生まれた

　鹿児島県の県名は鹿児島藩に由来するが、その背景には薩摩国の「鹿児島 郡（かごしまのこおり）」がある。「鹿児島」の由来については諸説あって定説はないが、私なりに解釈したものを紹介しよう。

　平凡社の『日本歴史地名体系 鹿児島の地名』では、こう述べている。

　「鹿児島の地名の由来に関して海幸・山幸神話にもとづくとか、鹿の子が多かったことによるという伝承のほか、鹿児島神宮・鹿児山（かごやま）（現隼人町）に関連するという説もあるが、桜島の古名とするのが妥当とされる。カゴの意味は燃える火（炎）を示し、カガヨヒ、カグツチ、カギロヒなどと同根とされる」

　ここにある「カグツチ」に注目したい。「かぐつち」を古語辞典で引くと、「迦具土・火神」とあり、意味としては「《輝く神霊の意味という》火の神の名」（『角川新版古語辞典』）とある。ここでいうところの「火の神」とは、「火を管理する神」というものではなく、荒々しく火を吹く神のことである。つまり、日本各地に見られる活火山を意味していると考えられる。その根拠を『日本書紀』に探ってみよう。

　日本のルーツとなった様々な神を生んだとされる伊弉諾尊（いざなきのみこと）・伊弉冉尊（いざなみのみこと）が生んだ神様の中にこの「かぐつち」がある。

　「次に火神軻遇突智（ひのかみかぐつち）を生む。時に伊弉冉尊（いざなみのみこと）、軻遇突智が為（ため）に、焦（や）かれて終（かむ）りましぬ」

　正確に訳すと、こうなる。

　「次に火の神軻遇突智をお生みになった。その時、伊弉冉尊は、軻遇突智のために、焼かれて亡くなってしまった」

　子どもを生むことはたやすいことではなく、命がけであることは昔も今も変わらない。伊弉冉尊は亡くなりそうになりながらも、土の神と水の神をお生みになったとされ、さらに軻遇突智は土の神と結婚して稚産霊（わくむすひ）を生

んで、蚕と桑のもとを創ったという。

　仮に、神武天皇のルーツが九州にあったとするならば、薩摩の桜島は火の神の代表格で、阿蘇や島原の火山も含めて、一連の火の神が創られたと考えるのには無理がない。

　何度行っても、鹿児島では桜島の存在が圧倒的である。生活の中に入り込んでいると言っても過言ではない。その現実を目の当たりにすると、この火の神説は十分ご理解いただけるものと確信している。

とっておきの地名

①伊集院（いじゅういん）
　大正11年（1922）に「伊集院町」が成立したが、平成17年（2005）には「東市来町」「日吉町」「吹上町」と合併して「日置市」となり、自治体名としては消滅。姓としても人気がある地名で、いかにも残念である。

　「伊集院」の由来は「イスノキ」という木によるものだというのが定説になっている。「イスノキ」は漢字では「柞」もしくは「蚊母樹」と書き、マンサク科の常緑高木で、西南日本の山中に自生する樹木である。この地にはこの「イスノキ」が多く自生し、そこから「イス」と呼ばれていたが、平安期になって、租税の稲穂を貯蔵する倉院が置かれたことから「いすん」と呼ばれ、それに「伊集院」という漢字が充てがわれたとされている。

②指宿（いぶすき）
　指宿温泉で全国にその名を知られる。昭和8年（1933）に「指宿町」となり、昭和29年（1954）に「指宿市」になって今日に至っている。伝説では、天智天皇が指宿に上陸される時、海上から侍医が「湯豊宿の地近くにあり」と指差したことによるといったことになっているが、さすがに『指宿市誌』でも「天智天皇行幸については歴史的に疑問があるので真実とは思えない」としている。

　郷土史家の研究によれば、指宿郡は古代の『和名抄』では「以夫須岐」（いふすき）と訓じており、古代においては「イフスキ」と読んでいたことがわかる。古来、「指宿」の読み方には「イフスキ」と「ユフスキ」の2つの流れがあった。「ユフスキ」については天文12年（1543）の板碑に「薩州湯豊宿郡」という文字が発見されている。

　平成19年（2007）の平成の大合併によって、「頴娃町」（えいちょう）が川辺郡「川辺町」（かわなべちょう）

「知覧町」と合併して「南九州市」となったために「揖宿郡」は消滅してしまったが、その郡名は「揖宿」であって「指宿」ではなかった。「揖宿」と「指宿」の違いはいつ生まれたのか。

それは明治22年（1889）の町村制施行の時で、郡名は「揖宿」、村名は「指宿」と決められた。「揖宿」をくずしていくうちに簡単な「指宿」に転訛したものと考えられている。

③開聞岳 薩摩富士と呼ばれる標高924メートルの美しい山で知られる。「開聞」と書いてなぜ「かいもん」と読むのかは謎だったが、少しその答えが見えてきた。標高924メートルというとそう高い感じはしないが、海面からそのまま聳えているので、結構高く感じる。開聞岳の東北部の麓に「枚聞神社」がある。この神社は、開聞岳が噴火を続けていた時代にその鎮静の神であったと推測される。いわば、開聞岳をご神体としているような神社である。

謎解きのヒントになったのは、この「開聞」がかつては「開門」もしくは「海門」と表記されていたという事実である。枚聞神社は古来海洋・航海の神として崇められ、それが薩摩半島の最先端に位置していることから、「海に開けた門」の意味とすれば、まさに開聞岳が海からの信仰の山となってくる。「海への門」から「海へ開く」といった意味になって今日の開聞岳があるとすれば、その謎も少しずつ解けてきそうである。

④志布志 「志布志市」という市は、平成18年（2006）、曽於郡「志布志町」「松山町」「有明町」が合併してできた新しい市なので、一般には「志布志湾」の地名のほうが親しみがある。しかし、この志布志市では「志布志」をめぐるとんでもない事態が生まれている。もとは「志布志」という小さな地域が大きくなって「志布志町」になり、さらに合併によって拡大されて「志布志市」になったのだが、そのルーツに当たる「志布志」での現象である。

ここにある役所の前に、こんな看板が立っている。

「こちらは、志布志市志布志町志布志の志布志市役所志布志支所です。
やすらぎとにぎわいの輪が協奏するまち」

この看板に偽りはないのだが、やたら混乱する。その原因は「志布志」

という漢字の組合せにあることは自明だ。左から読んでも「志布志」、右から読んでも「志布志」で、それが何度も何度も繰り返されたのがこの看板ということになる。

実は、この「志布志」という地名が誕生した時の話も、このからくりに関連している。伝説によれば、その昔天智天皇がこの地を訪れた際、主婦と婢女がそれぞれ布を献上したのだが、天皇は「上からも下からも志として布を献上したことは誠に志布志である」とおっしゃったことからこの地名がついたとされる。あくまでも伝説の域を出るものではないが、それに似た経緯があったのかもしれない。やはり大事にしたい地名である。

⑤隼人（はやと）　九州でしかあり得ない地名。よくぞこのような地名を残してきてくれたと感謝したい気持ちすら湧いてくる。隼人は古代の南九州に住んでいた人々への呼称であり、かつては「夷人雑類」とされて、朝廷からは、支配に従わない反乱者というイメージでみられがちだった。

「隼人町（はやとちょう）」が成立したのは大正8年（1919）のことだが、その後いくつかの変遷があって、平成17年（2005）に近隣の市町と合併して「霧島市」の一部になっている。旧・隼人町に「隼人塚」なるものが建てられている。これは、景行天皇・仲哀天皇の時代に熊襲を討った際の碑であるとか、奈良時代に隼人を討った際の碑であるとかの説があるが、よくはわかっていない。近年の研究では、養老4年（720）に起こった隼人の反乱の後、犠牲者の霊を慰めるために宇佐神宮が行った「放生会（ほうじょうえ）」にちなんで建てられたものとされているようだ。

⑥坊津（ぼうのつ）　何とも由緒正しい町名がまたまた平成の大合併でなくなってしまった。「坊津」という港は古代においては「唐湊（からみなと）」とも呼ばれるほどの国際的な拠点となった港である。伊勢の「安濃津（あのつ）」（現在の三重県津市）と筑前の「博多津（はかたつ）」（現在の福岡市）と並んで「日本三津（さんしん）」と呼ばれたほどの港であった。今は小さな漁港でしかないが、かの鑑真がやっとの思いで日本に到着したのもこの坊津であったことで知られる。

坊津の奥にある鳥越集落に「一乗院跡」がある。その寺歴がこの地名の由来解明の鍵を握っている。一乗院由来記などによると、開基は百済国に仕えていた日羅（日本人）という僧で、敏達天皇12年に日羅が来朝して、こ

の地に「上ノ坊」「中ノ坊」「下ノ坊」の3つの坊を建てたのが始まりとされる。数百年後の長承2年（1133）には鳥羽上皇より一乗院の勅号を賜ったという。このような経緯から「坊津」という地名が生まれたとされている。

　昭和30年（1955）に「坊津村」が「坊津町」になったが、平成17年（2005）には近隣の市町と合併して「南さつま市」の一部になってしまった。

⑦屋久島　屋久島で入手したパンフレットに「屋久島には　日本列島がつまっている」というコピーがあった。どういう意味か？屋久島には九州地方では最も標高の高い宮之浦岳（1,936メートル）をはじめ、第2位の永田岳（1,886メートル）、第3位の粟生岳（1,867メートル）など、1,800メートルを超える山々がずらり並んでいる。これらの山頂の気候は北海道の旭川近くと変わらない。海岸から山頂まで登ると亜熱帯から亜寒帯まで経験できるという意味である。その意味で「屋久島には　日本列島がつまっている」のである。

　有名な縄文杉に行くには、安房からバスで荒川口登山口に行き、そこからひたすら大株歩道入口まで歩き、そこから急な斜面を登りつめることになる。倒れた屋久杉の上に次の世代の杉が生まれ育っている姿をあちこちに見かける。いわゆる倒木更新である。

　「屋久」の由来については「夜久貝」によるという説がある。『大日本地名辞書』には「本草綱目啓蒙は青螺を屋久貝と註し、此島の産なり、今誤りて夜光と呼ぶとあり、按ずるに屋久貝は即螺鈿にして、俗に青貝と呼ぶ」と記されている。俗に「青貝」と呼ばれる屋久貝は「螺鈿」という貝の装飾品に使用されるもので、屋久島の名産と呼ばれており、島名もこの貝に由来すると考えられる。

難読地名の由来

a.「宇都谷」（鹿児島市）b.「大石様河」（鹿児島市）c.「紫原」（鹿児島市）d.「温湯」（指宿市）e.「祁答院」（薩摩川内市）f.「甑島」（薩摩川内市）g.「天降川」（霧島市）h.「馬鍬水流」（伊佐市）i.「臥蛇島」（鹿児島郡十島村）j.「搦」（薩摩郡さつま町）

【正解】

a.「うどんたに」(「ウト・ウド」は窪地・洞窟などを示すので、谷にある窪地を指す) **b.**「おいしさんかぁ」(石の信仰に関連するか) **c.**「むらさきばる」(ムラサキ科の植物が自生していたことに由来する。古くから紫色の染料とするほか、漢方の薬としても活用した) **d.**「ぬり」(温い湯に由来する) **e.**「けどういん」(空覚上人が祈祷院神興寺を建立し、その山号をとったと言われる。その「祈祷院」が「祁答院」に転訛した) **f.**「こしきしま」(米を蒸す道具の甑に似ていることに由来する) **g.**「あもりがわ」(水源が天孫降臨の地とされる霧島山にあることによる) **h.**「まかんずる」(「水流」は水が流れる所を意味するが、馬や鍬で耕す畑のようなところか) **i.**「がじゃじま」(蛇が伏せたような形をしていることに由来する) **j.**「からげ」(「搦め手」は城の裏門を意味するので、昔の城郭に関連するか)

商店街

天文館（鹿児島市）

　鹿児島県は面積 9,189 km^2 で、県域の約 27％ を離島が占めている。九州新幹線の開通や NHK 大河ドラマの舞台となるなど、明るい話題が多い鹿児島県の各都市に立地する商店街の状況を見ていこう。

　県庁所在地の鹿児島市は、福岡市、北九州市、熊本市に次ぐ九州第 4 位の約 59 万人の人口を持つ都市である。鹿児島湾西岸から桜島を望む景色は、イタリア南部のナポリからヴェスヴィオ火山を望む風景に似ていることから「東洋のナポリ」と呼ばれている。大型商業施設の店舗数は、2001年の 13 店舗から 2017 年には 20 店舗に増加しており、買い物客が郊外に流出している。そのため、鹿児島市の各商店街はかつての賑わいを失いつつある。多くの観光資源が点在する鹿児島市にとって、市内各地の商店街の賑わいを取り戻すことは、都市型観光を振興するためにも重要なことである。

　鹿児島県中央部に位置する霧島市は、鹿児島市に次ぐ約 12 万人の人口を擁する都市である。霧島市は、古くから薩摩半島、大隅半島、宮崎県を結ぶ交通の要衝地であり、戦後は鹿児島空港や九州自動車道が整備された。こうした交通網の発達を背景に国分隼人テクノポリスの指定を受け、京セラやソニーなどの工場が立地するようになった。しかし、九州自動車道の整備による商圏の拡大によって、霧島市内の商店街は厳しい状況に置かれ、空き店舗が目立っている。そこで、霧島市は、商店街活性化のために霧島市空き店舗等ストックバンク事業を開始し、市内の空き店舗の有効活用を進め、空き店舗の減少に努めている。

　県内東部に位置する鹿屋市は、人口約 10 万人を擁する大隅半島の中心地である。高齢化などの進展によって、市内中心部に立地する商店街の営業店舗数は、167 軒（2006 年）から 105 軒（2013 年）に減少し、空き店舗

　【注】この項目の内容は出典刊行時（2019 年）のものです

率も増加している。この対策として、大隅半島の中心地で広域的な都市機能の集積地という鹿屋市の特色を活かしたまちづくりが進められている。

　大隅半島の対岸、薩摩半島の南東端に位置するのが指宿市である。指宿市は、指宿温泉や池田湖、開聞岳など豊富な観光資源を持ち、年間約380万人の観光客が訪れている。しかし、新婚旅行客で賑わった高度経済成長期に比べると、観光客数は減少しており、かつて活気があった市内各商店街も厳しい状況に置かれている。そこで、指宿市は、金銭的補助によって商店街にかつての輝きを取り戻そうとしている。

　鹿児島県北西部に位置する出水市は、2004年3月の九州新幹線部分開業以降、次第に生活圏の広域化が進んでいる。新幹線開通によって、鹿児島市まで約24分で結ばれ、出水市から鹿児島市への通勤・通学客が増加した。また、生活圏の広域化によって、出水市の小売業商店数は、2004年の685軒から2014年の423軒に減少しており、各商店街の活気も失われてしまった。この対応策として、「出水市本町通り商店街」は、各商店の写真や短い紹介文が記載されたタウンガイドを作成し、商店街の宣伝を図り、商店街を利用する買い物客を取り戻そうとしている。

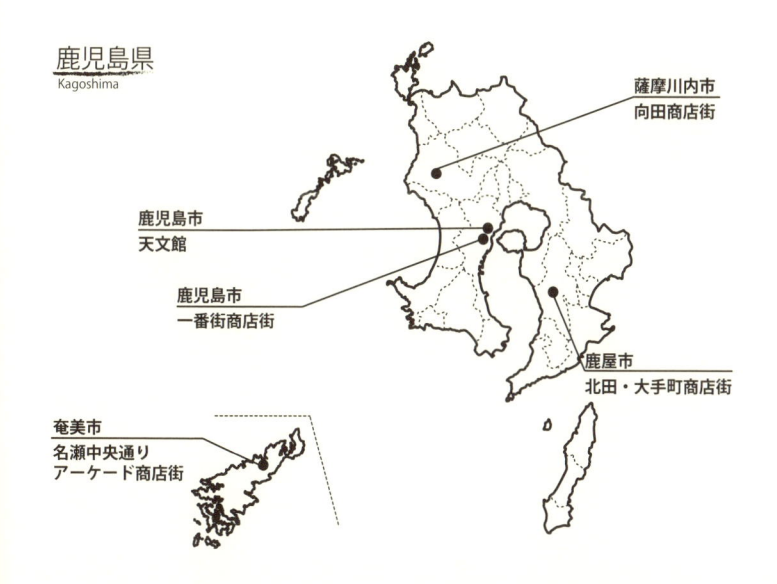

天文館 （鹿児島市）

―鹿児島県下一の商店街―

　九州新幹線鹿児島中央駅の東、鹿児島市電天文館通駅で下車すると、目の前に鹿児島県を代表する商店街「天文館」がある。観光ガイドブックなどにも掲載される鹿児島市を代表する観光地の一面も持っており、商店街のなかには、観光客向けの土産物を扱う商店も多く、全国各地から多くの観光客が訪れている。観光客で賑わう「天文館」は、地元住民にとっても大切な生活の場でもある。若者向けの雑貨や洋服を扱う店から主婦層向けの洋品を扱う店まであり、多くの市民も訪れている。

　「天文館」という名称は、薩摩藩第25代藩主・島津重豪（しまづしげひで）が、天体観測などのために整備した明時館（別名：天文館）に由来する。天文館周辺は、江戸時代から明治時代にかけては現在のような賑わいを見せてはいなかったが、1914年に鹿児島電気軌道（現・鹿児島市電）が開通すると、映画館や劇場、飲食店が集まるようになり、徐々に商店街として発展していった。そして、1917年には、神戸以西では初めての百貨店である山形屋が開業した。この山形屋の開業と大正・昭和期の鹿児島市を中心とする鉄道交通網の整備があいまって、「天文館」の商店街としての発展を大きく促進した。こうした発展も戦時下のいく度かの鹿児島空襲によって停滞するが、戦後も山形屋を中心として、「天文館」は鹿児島市の中心地としての役割を果たし続けてきた。

　2004年、九州新幹線開業によって西鹿児島駅が鹿児島中央駅に改称した。九州新幹線の開業は鹿児島経済の起爆剤として期待されていたが、熊本や博多までも鹿児島から買い物客が流出し、さらに、鹿児島中央駅周辺に大型商業施設が出店するようになり、「天文館」にとっては苦しい状況となった。こうした状況は、「天文館」以外にも波及し、2009年には前身の丸屋時代を含めると127年の歴史を持つ三越鹿児島店が閉店した。そして、この状況に対応するために、撤退した三越鹿児島店跡地に、2010年、新しい商業施設マルヤガーデンが開業した。また、地元商店や住民が中心の「We Love 天文館協議会」が建設・運営する天文館シネマパラダイスが2012年に開業した。このような取組みはまだ始まったばかりであるが、「天文館」のこれからに期待が集まっている。

一番街商店街（鹿児島市）
―鹿児島の玄関口に一番近い商店街―

　JR鹿児島中央駅東口の南側に位置している一番街商店街は、「天文館」と並び鹿児島市を代表する商店街で、九州新幹線開業によって、大型商業施設も整備された活気あるまちである。

　第2次世界大戦の空襲によって西鹿児島駅（現・鹿児島中央駅）周辺は一面焼け野原となったが、戦後、県内各地から物資が運び込まれ、駅周辺には闇市が形成された。この闇市は発展していき、やがて、西駅朝市と呼ばれるようになった。この西駅朝市が、一番街商店街の前身である朝市通りの始まりである。1950年代後半の朝市通りは、市外からも多くの買い物客が訪れ、大変な賑わいであった。この朝市通りが店舗数を増やしながらますます発展していき、現在の一番街商店街に至る。朝市通りでは、現在でも平日の早朝から朝市が開催されている。一番街商店街のアーケード内にアエールプラザやアエールタワーが建設され、九州新幹線開通後の鹿児島の玄関口として多くの観光客が訪れる活気あふれる商店街となっている。

　現在、再開発プロジェクトが始動している。2020年度中の完成を目指して、2018年6月に着工した中央町19・20番街区市街地再開発事業である。事業計画案によると、総事業費約222億円をかけて、地上24階地下1階建ての高さ約100m、商業施設やオフィス、住宅が入る再開発ビルを建設する予定である。このようにして、鹿児島の玄関口として相応しい景観を持った新しい一番街商店街が誕生し、鹿児島経済を牽引していくことになるだろう。

北田・大手町商店街（鹿屋市）
―地域資源を活かした魅力あふれる商店街―

　鹿屋市は、県都鹿児島市が位置する薩摩半島の対岸、大隅半島に位置する地方都市である。ここで紹介する北田・大手町商店街は、鹿屋市の中心部に位置する大隅半島を代表する商店街である。北田・大手町商店街は、1960年代後半以降にはアーケードが設置され、大隅半島から様々な物資が集まり、多くの人で賑わっていた。しかし、1980年代後半以降、郊外に大型商業施設の進出が相次ぐようになると、多くの個人商店の経営は立ち行かなくなり、北田・大手町商店街は衰退していった。

北田・大手町商店街が衰退していくなか、2012年に地域商店街活性化法の認定を受け、商店街再生の道を進んでいくこととなった。地域商店街活性化法の認定を受けた後、北田・大手町商店街は、「水と緑と文化が融合した人にやさしい湧水商店街」をテーマにした取組みを開始した。具体的には、アーケード整備、ナノミスト設置、LED街路灯設置、放送設備設置、防犯カメラ設置などを実施した。また、地域資源を活用したイベントとして、5月のリナフェスタ、7月の六月燈（地域の夏祭り）、8月のリバーサイドビアパーティー・夏まつり、11月のイルミネーションの飾付け・新酒まつり・秋まつり、12月のクリスマス大パーティーなどを地域と連携しながら開催し、多くの買い物客を集めている。こうした商店街による熱意あふれる取組みによって、地元を離れた若い後継者が地元に戻ってきたという例もあり、地域の活性化に一定の効果が出てきている。

向田商店街（薩摩川内市）
—県北部の中心地にある商店街—

　薩摩川内市は、九州の物流を支える国道3号線の整備によって、周辺自治体の農産物などが集積する物流拠点として機能し、2004年には九州新幹線が部分開通し、広域的な交通拠点としての役割も担っている。そして、2004年の1市4町4村による市町村合併によって、県内最大の面積を持つ県北部の中心地となった。一方、産業面では、京セラや中越パルプ工業の工場が立地しており、企業城下町としての性格も有している。

　向田商店街は、JR川内駅西部に位置する商店街である。商店街が位置する向田地区の歴史は古く、かつては平佐川や川内川の水運の拠点として機能し、平佐城の城下町でもあった。しかし、近年、薩摩川内市の中心市街地の商店街に立地する商店の数は、大型商業施設の郊外進出によって、年々減少しており、空き店舗の数も増加傾向にある。

　薩摩川内市は、中心市街地の商店街の賑わいを取り戻すために、ポイントカードの発行や自転車の無料貸出しといったソフト面での対策を講じたが、大きな効果は得られなかった。また、薩摩川内市の行政だけではなく、向田商店街の経営者たちの間でも、ハロウィンパーティーの開催や空き店舗の活用を通して、子育て世代などの若い世代も訪れやすい商店街を目指している。

名瀬中央通りアーケード商店街 （奄美市）

―南国の歴史と文化を味わえる商店街―

　奄美市は、鹿児島県本土から約300 km 離れた奄美大島のなかで最も大きな人口・経済規模を持つ自治体で、その中心地が名瀬である。奄美大島は、観光地としても有名であり、豊かな自然環境と南国情緒を求めて全国各地から年間約42万人の観光客が訪れている。近年は、国立公園指定および世界自然遺産登録に向けた動きも活発化しており、今後ますます観光客は増加を続けるだろう。

　この奄美市の中心部にあるのが、名瀬中央通りアーケード商店街だ。名瀬中央通りアーケード商店街は、奄美市で唯一アーケードを持つ商店街であり、通行量が最も多い。約200 m 続くアーケード商店街には、地元住民が利用する生活用品・食料品を扱う個人商店や、奄美の特産物・土産物を扱う個人商店が並んでおり、観光客や地元住民などの買い物客で賑わっている。また、名瀬中央通りアーケード商店街にはほかの地方都市の中心商店街で見られるような空き店舗が少なく、2015年度に奄美市が実施した調査によると、店舗数75に対して空き店舗は10であった。これは、近隣住民が、食料品などの日用品の買い物のために名瀬中央通りアーケード商店街を使っているからである。しかし、歩行者の通行量は、年々減少しており、商店街の衰退を心配する声も上がっている。

　こうした商店街の衰退傾向に歯止めをかけるために、奄美市では様々な取組みを実行している。増加する空き店舗に新しい事業者の出店を促進するために、2年間家賃の半分を補助するとともに、出店に伴うリフォーム費用に対し支援を行う事業が開始され、2014年と15年の2年間でこの制度を活かした新規出店が奄美市内で35店舗あり、一定の効果が現れていると言える。また、観光客を呼び込むための奄美の歴史文化が体験できる観光ルートの策定も進められており、奄美市の取組みに注目が集まっている。

花風景

諸鈍のデイゴ

地域の特色

　九州の南端に位置し、北には霧島山地などが取り囲み、南には大隅と薩摩の２半島が突き出す。錦江湾を擁し、湾奥に鹿児島の市街と桜島がある。シラス台地が県土の過半を占め、自然災害をもたらすが、一方、サツマイモ、アブラナなどの農作物の生産地でもあり、大藩の島津氏の薩摩藩を潤した。南には南西諸島の一部をなす大隅諸島、トカラ列島、奄美群島からなる薩南諸島が連なり、西には甑島列島が並び、離島面積はわが国最大である。九州本土の暖温帯と薩南諸島の亜熱帯の気候を示している。

　花風景は、近世の名将にちなむ都市公園や名君の別邸のサクラ名所、九州本土や島嶼の多彩な花や観光用の花園、一面に広がる農業のなりわいの花などが見られるが、特に亜熱帯の色鮮やかな花が特徴的である。

　県花はツツジ科ツツジ属の低木のミヤマキリシマ（深山霧島）である。霧島山一帯に自生し、赤、紫、白と鮮やかな花が咲き乱れる。ミヤマとは「深山」を意味し、1909（明治42）年、植物学者牧野富太郎が新婚旅行の際に霧島山で発見し、「ミヤマキリシマ」と命名した。九州の火山の高山地帯に多く自生し、長崎県の県花のウンゼンツツジも同種である。

主な花風景

忠元公園のサクラ　＊春、日本さくら名所 100 選

　鹿児島県最北部の内陸、九州でも寒冷となる大口盆地の台地上に忠元神社、忠元公園がある。戦国時代の名将新納忠元を祀る神社とその前に広がる公園。三角の形をした公園の外周はサクラ並木に縁どられ、花期にはサクラに包まれる。「忠元桜」として親しまれている。忠元公園のサクラは、新納忠元没後300年祭の記念行事として1907（明治41）年に地元出身者により植栽が始められ、サクラの名所として親しまれたが、第２次世界大戦

　凡例　＊：観賞最適季節、国立・国定公園、国指定の史跡・名勝・天然記念物、日本遺産、世界遺産・ラムサール条約登録湿地、日本さくら名所100選などを示した

中に全て伐採される。戦後、忠元桜を復活させるため大口市による植樹事業が行われるが、事実上、地元出身の造園業者の負担で千本のサクラが植樹され、57（昭和32）年頃には忠元桜は復活する。しかし、この時期に植栽されたサクラは、平成に入ると、次第に病気や台風による被害を受け、サクラ並木が途切れる状況となった。この状況を危惧した市民による寄付によって植樹、手入れが行われるようになる。現在見られるソメイヨシノは戦後植えられた太いものと、その後植えられたものが混じっている。忠元桜を残していきたいという市民の思いが、サクラの名所を支えている。

仙巌園のサクラ　＊春、名勝、霧島錦江湾国立公園

　始良カルデラの絶壁を背にして錦江湾に臨む平地に島津光久が1658（万治元）年に建てた別邸の庭園。磯という地にあることから磯庭園としても親しまれている。桜島や錦江湾を背景に、初春からカンヒザクラが咲き始め、ヤマザクラ、ソメイヨシノ、サトザクラが次々と見頃を迎える。

　仙巌園の広大な敷地は、幕末に島津藩が、製鉄、紡績、ガラス製造などの工場を集積させた集成館事業の中心地として用いられ、1865（慶応元）年に竣工した国内最古の石造の洋式機械工場である旧集成館機械工場などがあり、明治日本の産業革命遺産として世界文化遺産の登録資産となっている。近代化に貢献した建造物や島津家の御殿や庭とサクラの取り合わせが穏やかである。中でも、濃紅色のカンヒザクラと背後の建物、錦江湾、その上に裾野まで雄大に広がる桜島へと連なる眺めは、初春の薩摩の風景として忘れられない。

藤川天神のウメ　＊冬・春、天然記念物

　鹿児島県北西部、川内川とその支流に沿った平野部に広がる旧東郷町藤川に菅原道真を祀る菅原神社があり、藤川天神ともいう。道真が植えた一株が始まりと伝えられる梅林では、初春、淡い紅色の八重咲の花が咲き始め、その後には一面の梅花に包まれ、馥郁とした香りが遠くまで広がる。梅林は参道の右左に広がるが、左手奥のものは天然記念物に指定されている「藤川天神の臥龍梅」。もともと1本であったが、地面に着いた枝から根を下ろし、新株となることを繰り返し50株ほどに増えたという。その姿から臥龍梅と呼ばれ、樹齢千年を超える古木も見られる。

ここに菅原神社が置かれたのは、太宰府天満宮の荘園がこの地にあったためといわれ、1815（文化12）年、島津氏による神社改築に合わせ竹薮を伐りウメの繁茂を促し、1902（明治35）年に行われた菅公一千年祭に際し梅園が拡張されたが、戦後の混乱期に荒廃し、以前の面影はなくなった。その後、地元による保存整備が進められ、現在、参道の周囲に150本ほどのウメが見られる。

かのやばら園のバラ　　＊春・秋

　大隅半島の中央部、鹿屋市の南西部のなだらかな丘陵に霧島ヶ丘公園がある。公園の南東部分の丘陵地8ヘクタールは広大な敷地に3万5千本のバラが植えられるかのやばら園が占め、春は一斉に咲くバラに包まれ、秋は色鮮やかになるバラを一輪一輪楽しむ。なだらかな山を背景にのびやかに広がる開放的なバラ園。春は4月下旬から6月上旬、秋は10月上旬から12月下旬までと長い期間、花を楽しむことができる。

　鹿屋市は大隅地域の誘客の核となる施設としてバラ園の整備を決め、1993（平成5）年に1ヘクタール、6,000株ほどでオープン。その後2006（同18）年に8ヘクタールの現在の規模に拡大した。この間、かのやばら園のオリジナル品種で、大輪の八重咲で花びらの表が赤く裏が白色の「プリンセスかのや」を作出している。また2006（同18）年、周辺3町の合併に際し、新鹿屋市の花をバラに改め、「バラを活かしたまちづくり計画」による地域再生に力を入れている。

甑島のカノコユリ　　＊夏、甑島国定公園

　薩摩半島の西部、東シナ海にある甑島列島は、夏に平地部や海岸線の断崖でカノコユリがそこかしこに濃紅色、淡紅色、白色の花を咲かせる。大きく反り返った花弁に鹿の子模様の斑点が入り、学名 speciosum（スペキオスム＝美しい）は文字通り。シーボルトが日本からヨーロッパに持ち帰り、人々を驚かせ、その球根は同じ重さの銀と取引されたという。

　カノコユリの球根は、島での飢饉の際の救荒食として重要であった。明治初期には食用として輸出されたが、1900（明治33）年頃からは観賞用として輸出され、55（昭和30）年頃に出荷は頂点に達し、島の経済を支えることとなる。しかし、70（同45）年頃には海外での価格が低下し、80年

代半ばには、甑島での商業的な栽培、球根出荷はなくなる。カノコユリはススキ草原が多かった上甑島、中甑島に多く、そこでは、球根輸出が軌道に乗った明治末・大正期から、共有地に冬季に火入れをして、ススキ草原の維持を図っていた。かつては甑島の産業の風景となっていたカノコユリであるが、時代と共にその姿を変えている。

池田湖畔のナノハナ　＊冬・春

　薩摩半島の最南部にある池田湖は、約6000年前の一連の噴火により形成されたカルデラに水がたまった湖。最深部は233メートルと深く、湖底には比高150メートルに及ぶ溶岩ドームがある活火山である。湖の北と南西に広がる平地には、12月下旬からナノハナが咲き始め、1月には満開となり、一面に黄色の花が広がる。日本一開花が早いナノハナといわれる。

　池田湖の南部には池田カルデラからの火砕流堆積物がつくる台地が広がり、その先は約4000年前から噴火活動が始まった開聞火山の裾野に連なっている。この平坦な台地に広がるナノハナと円錐形の開聞岳の背景の組合せは、一連の火山活動がつくり出したものである。また、池田湖の北側からは、前景の一面の黄色い花と中景の池田湖、遠景の開聞岳の組合せが早春の風景として定着している。

　1月には、いぶすき菜の花マラソン、いぶすき菜の花マーチが続けて開かれる。黄色いじゅうたんの中を走り、歩くイベントも回数を重ね、なじみ深いものになっている。

諸鈍のデイゴ　＊春

　奄美大島の南、大規模な沈水海湾である大島海峡を隔てて加計呂麻島が位置する。島内でも大きな集落である諸鈍が面する長浜沿いにデイゴ並木が続き、初夏、梅雨が始まる頃に真っ赤な花をつける。樹齢300年を超えるデイゴの古木が列をなす場所は他では見られず、一列に開花する姿は壮観。開花期でなくとも、古木の並木は独特の南国的雰囲気を醸し出す。

　長浜の隣にある大屯神社では、旧暦9月9日の祭で諸鈍芝居（シバヤ）が演じられる。手製の紙製の面（カビティラ）と陣笠風の紙の笠をつけた男が、さまざまな演目を踊る村芝居の一種である。源平の戦いに敗れた平資盛がこの地に来て城を築き、土地の人々に教えた演舞が始まりと伝

えられ、芸能構成や芸態が古歌舞伎を思わせると国の重要無形民俗文化財となっている。演目には中国や琉球の演舞に似たものもあり、四、五百年前に北からと南から伝わったものが一つの芸能になったと考えられる。デイゴは奄美以南の気候条件で生育し、琉球のイメージが強いが、海上交通の要衝であった奄美群島には、大和と琉球の交わる独特の自然・文化が見られる。

沖永良部島のテッポウユリ　＊春

奄美群島は奄美大島、喜界島から与論島まで長さ約200キロにわたって連なっているが、沖永良部島は与論島に次ぎ沖縄島に近い島である。隆起珊瑚礁の島で地下の鍾乳洞が発達している。テッポウユリの栽培が盛んで、春には純白の花が島を包む。和泊町、笠石海浜公園のユリは、黄色、オレンジ、赤など色とりどりの花が一斉に咲き、見事である。

テッポウユリは九州南部と南西諸島に分布し、もともと沖永良部島に自生していた。シーボルトによって欧米に紹介されたテッポウユリは、人気となり、1899（明治32）年に英国の貿易商人が沖永良部に来島し、野生種を見いだし、1902（明治35）年に欧米用に球根の輸出が開始される。日本から輸出されたユリ球根の数は明治30年代から徐々に増え、毎年500万個から3,000万個が輸出されているが、その7割以上をテッポウユリが占め、輸出先は米国と英国であった。テッポウユリの栽培地は、当初は関東地方が多かったが、南西諸島、九州本土に移動し、第2次世界大戦後は沖永良部島だけが産地として残った。島では、野生種から選抜した品種の栽培を行っていたが、第2次世界大戦による輸出中断を経て、その後は米国産や国内の品種を栽培するようになり、現在栽培されている国内品種は南琉球原産の野生種を改良した品種と考えられている。沖永良部島のテッポウユリは100年以上の栽培の歴史を持ち、その時々に島の花風景を形づくってきた。

公園 / 庭園

石橋記念公園と桜島

　鹿児島県は九州の南端に位置し、北の熊本県境には国見山地、宮崎県境には霧島山地・日南山地が取り囲み、南部は東側の大隅半島と西側の薩摩半島が突き出し、この2半島が錦江湾を擁し、湾奥に鹿児島の市街と桜島がある。西日本火山帯の旧霧島火山帯が南北に走り、このうち錦江湾の始良カルデラや池田カルデラの火山噴出物に起因するシラス台地が県面積の約半分を占めている。シラス台地は縁辺部が急崖をなし、大雨災害に弱いが、一方、湧水地でもあり、周辺に水田を発達させた。大隅半島の沖合には種子島、屋久島から与論島まで約500kmにわたり、弧状に大隅諸島、トカラ列島、奄美諸島からなる薩南諸島38島が連なり、その南に琉球諸島が続いている。諸島の東は太平洋、西は東シナ海に分けられる。薩摩半島の西には甑島列島が並んでいる。離島面積はわが国1位、海岸線長は3位である。出水平野には毎年1万羽以上の絶滅危惧種のナベヅル、マナヅルが飛来して越冬する。

　古くから薩摩、大隅の2国からなり、中世以来、島津氏が鹿児島を本拠地として統治していた。日本国内では辺境の地であるが、大陸や南洋からは異文化の伝来地であり、薩摩藩は大藩として力を蓄え、保守性と革新性をあわせもつ勇敢な薩摩隼人（鹿児島県男性）はやがて明治維新の立役者として江戸幕府を倒し、新政府で近代化を進めた。幕末の集成館などはわが国初の西洋式工場群として、福岡県・長崎県などの構成資産とともに、2015（平成27）年、世界文化遺産「明治日本の産業革命遺産」となった。

　自然公園は霧島・桜島・屋久島などが中心であったが、17（平成29）年現在、生物多様性の確保と人間と自然の共生の観点から、奄美群島に注目が集まり、沖縄県のやんばるなどとともに、世界自然遺産化をめざしている。都市公園は史跡や遺跡に関わるもの、庭園は薩摩藩の繁栄に関わるものが特徴的である。

屋久島国立公園屋久島

＊世界遺産、ユネスコエコパーク、特別天然記念物、日本百名山

　屋久島は九州本土の最南端佐多岬から南方約60kmの東シナ海と太平洋の間に浮かぶ周囲約130kmのほぼ円形の島である。九州最高峰の宮之浦岳（1,935m）を擁して、1,000m以上の山岳を45以上連座させることから、「洋上アルプス」と呼ばれる。文豪林芙美子が小説『浮雲』で「月のうち三十五日は雨」と表現したように、平地部でも年間4,000mmを超える降水量がある。海に浮かぶ急峻な山岳が多雨をもたらし、雨がコケを育て、コケが巨大なヤクスギの森をつくり、豊かな森が野生生物の生息を支える。生き物の多さを「ヒト2万、シカ2万、サル2万」とたとえている。

　樹齢1000年以上のヤクスギの巨木群、亜熱帯のガジュマル、マングローブなど豊かな森林を生みだし、高山もあることから、亜熱帯から冷温帯までの植生の垂直分布がみられ、南北に長い日本列島3,000kmの自然全体を詰めこんだ島ともいわれる。山頂部には原生自然環境保全地域もある。ヤクスギは江戸時代から独特の作業方法で伐採され、家具や工芸品などに珍重されてきた。また、「岳参り」という古くから海の塩などの恵みを山上の神に供え、豊漁豊作などを祈る独特の山岳信仰が残っている。

　屋久島は1971（昭和46）年にフェリー就航、89（平成元）年には高速船ジェットフォイルが就航し、利用者増による登山道の浸食、踏圧による植生破壊、ゴミやし尿の散乱、野生ザルの餌付けなどの問題を引き起こす。66（昭和41）年に発見された屋久島のシンボルともいえる縄文杉も根元の踏圧、樹木の損傷など悪影響が深刻化する。一方、西部林道問題と呼ぶ急傾斜地の車道建設問題があり、大きな自然保護問題になっていた。しかし、鹿児島県は世界自然遺産を念頭に周到に従来型開発から持続型開発へと意識転換を図る。92（平成4）年、屋久島環境文化村構想を策定、翌年、国を動かし、世界自然遺産登録、その後、縄文杉の展望デッキ完成、西部林道建設断念と進む。そして、今やエコツーリズムの先進地となっている。

　だが、過剰利用問題がますます深刻化しているのが現実である。屋久島はわが国初の世界自然遺産になったにもかかわらず国立公園になるには紆余曲折があった。戦前は到達性の悪さから候補にすらならなかった。64（昭

和39) 年、ようやく霧島国立公園に編入され、霧島屋久国立公園が誕生。2012 (平成24) 年、屋久島はブランド化のため分離独立し、屋久島国立公園となる。

❸ 奄美群島国立公園奄美群島　＊天然記念物

　奄美群島は、鹿児島県本土と沖縄県の中間に位置し、北はトカラ列島、南は沖縄諸島に連なる弧状列島の一部で、有人島8島からなる島嶼群である。このうち最大の奄美大島を中心として、喜界島、徳之島、与論島、沖永良部島の5島の陸域・海域の一部を公園とした。亜熱帯の多雨地帯で、特に奄美大島ではスダジイを優占種とする国内最大規模を誇る亜熱帯照葉樹林を育んでいる。低地帯にはアコウ、ガジュマルなどの自然植生が見られ、河口干潟にはマングローブ群落が発達している。島々は隆起サンゴ礁に囲まれ、まとまったサンゴ礁としては世界の北限に位置し、海中は透明な水質とともに美しい多彩なサンゴ景観を繰り広げている。しかし、近年、サンゴは海水温上昇による白化現象やオニヒトデによる食害で被害をこうむっている。奄美群島は大陸との接続や分断を繰り返してきたので、アマミノクロウサギ、アマミトゲネズミ、トクノシマトゲネズミなど固有種が多い。しかし、これらもマングース、ノイヌ、ノネコなどの外来生物の脅威にさらされている。この他、リアス海岸の海食崖や琉球石灰岩のカルスト地形も見られ、アカウミガメやアオウミガメの産卵場の砂浜もある。

　奄美群島国立公園は2017 (平成29) 年、奄美群島国定公園の一部を編入し、34カ所目の国立公園として誕生した最新の公園である。前年の16 (平成28) 年に新規指定された沖縄県北部のやんばる国立公園に続くもので、亜熱帯照葉樹林や希少な生物を中心としている点は類似している。これは、生物多様性確保の観点から、豊かな生態系を育む照葉樹林、干潟、サンゴ礁などの景観に対する評価の高まりによるものである。さらに、重要なことは、里山・里海のように人間が自然を持続的に利用してきた共生の生き方を評価しようとするものであり、それに関係する文化や景観をも評価している。群島各地の神の降り立つ「神山」、集落を訪れる海の神が立ち寄る小島など自然に対する畏敬の念が残されている。集落も神の通る道、祭祀を行う建造物などが残されている。台風やハブなどの自然の脅威とも闘ってきた。森林も二次林が多く古道や炭窯跡などが残っている。奄美群島国

立公園は、沖縄県のやんばる国立公園・西表石垣国立公園とあわせて「奄美大島、徳之島、沖縄島北部及び西表島世界自然遺産」登録を目指すための指定といわれている。

⽬ 霧島錦江湾国立公園桜島・開聞岳　＊日本百名山

　大隅半島と薩摩半島に挟まれた錦江湾（鹿児島湾）の北部は姶良カルデラと呼ぶ海域の火山地形である。その外輪山南壁に噴火してできた火山が今も活発に活動している桜島（1,117m）である。粘性の低い溶岩を山麓まで流す火山であり、山麓の溶岩は近年植物に覆われ始めているものの、黒々とした溶岩の跡を見ることができる。人目にふれない所で溶岩の採石は大規模に行われてきた。桜島はもともと島であったが、1914（大正3）年の噴火の溶岩流で大隅半島とつながった。成層火山の独立峰で常に噴煙を出していることから豪快なイメージがあり、薩摩隼人の男らしさと重ねられ、鹿児島のシンボル、郷土の誇りとなってきた。薩摩半島の先端部にある開聞岳（924m）も、海上にそびえ、薩摩富士と呼ばれるように、円錐形の成層火山の独立峰である。頂上の円形の火口周辺には巨石が積みかさなっている。山麓にはカルデラ湖の池田湖や火山湖の鰻池があり、オオウナギが生息している。

　霧島山は34（昭和9）年にわが国最初の国立公園の一つ霧島国立公園として誕生した。64（昭和39）年に当時の錦江湾国定公園と屋久島を飛地で新たに編入して、霧島屋久国立公園と改称した。その後、屋久島は世界自然遺産となり、屋久島国立公園として分離独立し、霧島山などは霧島錦江湾国立公園と改称した。桜島、佐多岬、開聞岳を抱える錦江湾はもともと姶良カルデラの火山地形であり、霧島錦江湾国立公園は名実ともに火山の国立公園となったといえる。

都 石橋記念公園　＊日本の歴史公園100選

　石橋記念公園は鹿児島市の海沿いに位置する。鹿児島市の中心を流れる甲突川には江戸時代の終わりに五つの橋が架けられた。財政が潤った薩摩藩による城下整備の一環で、肥後の石工である岩永三五郎によってつくられたアーチ型の石橋である。三五郎は薩摩藩に10年滞在し10カ所以上の石橋を架けた。たびたび洪水を起こしていた甲突川には1845（弘化2）年か

ら49（嘉永2）年までのわずか5年間で4連または5連アーチの石橋が次々に完成した。三五郎はただ橋を架けただけではなく、治水のための土木事業も行ったとされる。100年以上にわたり市民の生活道路として使われていた石橋だったが、1993（平成5）年に鹿児島を襲った豪雨は1万戸以上が浸水する甚大な被害をもたらし、五つのうち二つの橋が流されてしまった。

　鹿児島県は災害の直後に、河川改修のために石橋の移設を決定した。これに対して残った三つの橋の現地保存を求める激しい反対運動が展開されたが最終的には移設されることになり、2000（平成12）年に開園したのが石橋記念公園である。公園の場所は稲荷川の河口付近で岩永三五郎が最初に架けた多連アーチの石橋である永安橋があった場所に近く、石橋がつくられたのと同じ時代である幕末から近代の遺跡があることから選ばれたという。三つの橋のうち、西田橋は参勤交代の行列が通ったとされるもので県の文化財に指定されており、移設の際に創建時の姿に戻された。また、城下の玄関口の橋であったことを示すために西田橋御門があわせて復元整備された。高麗橋は昭和初期の姿に玉江橋は創建時の姿にそれぞれ復元された。

　石橋記念館には江戸時代の石橋を建設する様子の模型や移設の映像など、石橋がつくられてから公園に設置されるまでの経緯が展示されている。海側の隣接地は祇園之洲公園で1863（文久3）年の薩英戦争当時の砲台跡地である。

🈥 上野原縄文の森　＊史跡、日本の歴史公園100選

　上野原縄文の森は霧島市の市街地の東、鹿児島湾近くの丘陵地にある。約9500年前に大噴火した桜島の火山灰の下から多数の竪穴住居の跡と土器や土偶、耳飾など700点以上の遺物が発見された。縄文時代の落とし穴やドングリの貯蔵穴など定住の初期段階の人々の暮らしがわかるものも見つかった。出土品は重要文化財に指定され、1999（平成11）年には上野原遺跡が史跡に指定された。上野原縄文の森は遺跡を保存し縄文文化にふれることができるよう整備された公園で2002（平成14）年に開園した。公園は体験と見学の二つのエリアに分かれている。見学エリアには発掘した状況をそのまま見ることができる遺跡保存館がある。その近くには当時の集落が復元され、ずんぐりしたタケノコのような形の茅葺の竪穴住居や燻製をつくる調理に使われた連穴土坑が復元されている。

体験エリアには学習館やアスレチック遊具がある。公園の名前にもなっている森には9,000本の樹木が植えられた。埋蔵文化財センターと展示館の建物のデザインには逆S字型の縄文のモチーフが使われている。

都 鹿児島中央公園

1950（昭和25）年に開園した鹿児島市の中心地にある公園である。老朽化と地下駐車場の建設に伴って全面改修された。中央に芝生広場があり、桜島の噴火をモチーフにした霧の噴水や壁泉、浅い流れで水と親しむことができる。歩道と公園が一体になる開放的なデザインが特徴である。北にある西郷隆盛像も公園区域の一部になっていて、道を挟んだ向かい側には西郷像を撮影する場所が設けられている。鹿児島の中心地天文館の一文字をとって「テンパーク」の愛称で市民に親しまれている。

庭 仙巌園 附 花倉御仮屋庭園 　　＊名勝

鹿児島市吉野町にある仙巌園は、1659（万治2）年に薩摩藩2代藩主の島津光久が別荘として造営したものだった。仙巌園という名称は、中国の竜虎山の仙巌に似ていることから付けたもので、背後に姶良カルデラの絶壁があって、奇岩奇石が多いことによっている。地元では地名から「磯庭園」と呼んでいるが、前面に錦江湾の磯と桜島の雄大な光景が眺められる。

その後も庭園の局部的な補修がされているが、東側の曲水の庭は江戸中期頃につくられたものらしい。裏山の孟宗竹林は、1736（元文元）年に4代藩主吉貴が琉球から取り寄せた江南竹（モウソウチク）2株を、植えたものだった。江戸時代の「仙巌園十六景図」では御殿の前面に大きく園池が描かれているので、園池が存在していた可能性がある。

花倉御仮屋も同じ吉野町にあり、仙巌園の北方800mほどに位置している。1847（弘化4）年に10代藩主斉興が別邸として造営したものだが、63（文久3）年のイギリスの交戦後に、建物は他に移されしまった。滝、流れ、園池跡などが残っているようだが、公開されていない。

庭 知覧麓庭園 　　＊名勝

知覧麓庭園は、JR鹿児島中央駅からバスで70分ほどの南九州市知覧町郡に位置している。薩摩藩では武士を鹿児島城下に集住させずに、領内に

分散して居住させていて、この行政区域は「外城」と呼ばれ、1744（延享元）年以降は113カ所が定められている。知覧島津氏（佐多氏）の私領地だった知覧麓もその一つで、領主の御仮屋を中心に城塁型の区画が形成されていた。

　武家屋敷通りと呼ばれている区域には、7カ所の国指定名勝庭園がある。庭園面積は200〜300㎡ほど、ほとんどが枯山水で、作庭年代は1750（寛延3）年前後とされているものが多い。庭石には近くの麓川でとれる凝灰岩を使ったりしているためか、沖縄風の庭園にも見える。

　西郷恵一郎邸はイヌマキの刈り込みを山並に見せ、枯滝を組んでいる。平山克己邸は背後の母ヶ岳を借景にして、北側奥に石を組んで山に見せている。平山亮一邸はサツキの大刈込みを設け、手前に盆栽を置く石の台を並べている。佐多美舟邸は巨石を組んだ山をかたどった枯山水で、佐多民子邸も同様の枯山水になっている。佐多直忠邸は母ヶ岳を借景にして、大石を立てて峰に見せている。森重堅邸の建物は1741（寛保元）年で、ここは池庭になっていて、洞窟を表現した石組が置かれている。

庭 旧島津氏玉里邸庭園　＊名勝

　鹿児島市内にある玉里邸は、薩摩藩10代藩主だった島津斉興が、1835（天保6）年に別邸として造営したものだった。斉興が55（安政2）年に隠居した後に住んでいたが、77（明治10）年に西南戦争で焼失してしまい、79（明治12）年には斉興の子の久光が、新居を建て移り住むなどしていた。だが、1945（昭和20）年に空襲で焼失して、茶室と庭園と武家長屋だけが残り、59（昭和32）年に鹿児島女子高校の用地になった。

　敷地の上部の東半部に主屋建築群が建てられ、書院の南庭に築山と楕円形の園池があって、「上御庭」と呼ばれていたが、現在は公開されていない。一段低くなった敷地の西半部の公開されている「下御庭」には、1879（明治12）年に再建された茶室と園池がある。茶室の東側に滝組が築かれていて、流れは南側の園池に注ぎ込んでいる。園池には中島が一つと岩島があって、西岸から延びた岬は中島と石橋でつながっている。東岸には錦江湾から53個に分けて運び込んだという、高さ3mほどの立方体の巨岩が置かれている。独特の意匠の石燈籠もあって、全体的に沖縄的な感じがする。

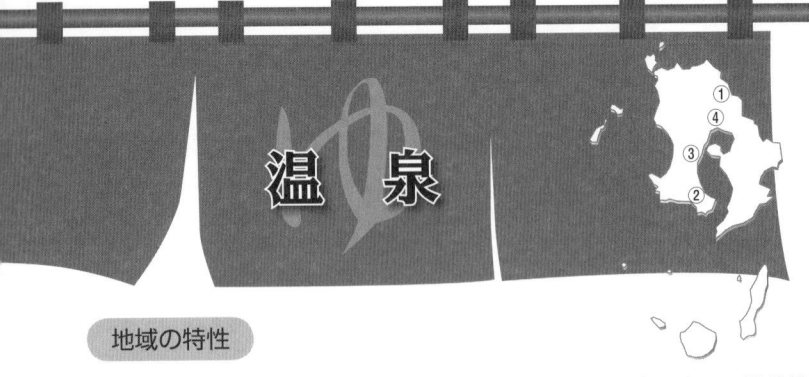

温　泉

地域の特性

　鹿児島県は、九州の南端に位置し、面積は西日本で最大である。明治維新ゆかりの人物を多く輩出し、近代日本の礎をつくった。自然環境はシラス台地が広がり、水田には向かないが、サツマイモ、バレイショ、大根、茶、牧草、菊、肉牛、豚、ブロイラーなどは全国5位以内に入っている。観光のポイントは、桜島を眺望できる城山、霧島、桜島や、保全された武家屋敷の町並みの他、第2次世界大戦時の特攻基地があった知覧、砂蒸し温泉を楽しめる指宿などである。

◆旧国名：薩摩、大隅　　県花：ミヤマキリシマ　　県鳥：ルリカケス

温泉地の特色

　県内には宿泊施設のある温泉地が100カ所あり、42℃以上の高温泉が多く66％を占める。温泉湧出量は毎分21万ℓに及び、全国3位である。年間延べ宿泊客数は約260万人を数え、都道府県別では全国19位にランクされる。霧島温泉郷と指宿温泉は年間延べ宿泊客数がそれぞれ約49万人と48万人で県内トップの地位にあり、市内の鹿児島温泉が43万人で続いている。国民保養温泉地は霧島と隼人・新川渓谷の2カ所が指定されており、それぞれユニークな温泉地が点在している。霧島は鹿児島空港に隣接しており、九州新幹線の開通とともに1年を通して数多くの観光温泉客を集めている。

主な温泉地

① 霧島温泉郷（新湯・林田・丸尾・明礬・硫黄谷・湯之谷・関平・霧島神宮）
<small>きりしま</small>

49万人、45位

国民保養温泉地

硫黄泉、塩化物泉

　県中東部、霧島山の東南麓に丸尾、湯之谷、林田、硫黄谷、新湯、関平、栗川、殿湯、明礬など、大小の硫黄泉の温泉地が分布し、1959（昭和34）年に霧島温泉郷として国民保養温泉地に指定された。鹿児島と宮崎の県境にある霧島山は、最高峰の韓国岳（1,700 m）を中心に新焼岳、高千穂峰、栗野岳など大小20を超える火山が連なった複合火山であり、景観美を楽しめる。交通体系も九州新幹線をはじめ、九州縦貫自動車道や東九州自動車道の高速道路が整備され、空港も霧島市にあって地の利に富んでいる。

　この温泉郷の温泉地は近世中期から後期にかけて発見され、島津藩主の保養地として、また近隣農民の湯治場として形成されてきた。1934（昭和9）年に日本初の国立公園の一つに選定され、2012（平成24）年に鹿児島と宮崎両県境の霧島火山地域に桜島を加えて、霧島錦江湾国立公園となった。第2次世界大戦後、経済が成長するなかで、青島、霧島を拠点とする南九州観光が修学旅行や新婚旅行の拠点となり、霧島の林田温泉や丸尾温泉は急成長した。丸尾温泉は温泉郷の中心にあり宿泊施設が集まっており、土産品店も多い。一帯は地熱地帯であり、温泉蒸気が勢いよく噴出している。なお、栗野岳の南側では、1996（平成8）年に地熱開発によって3万kwの大霧地熱発電所が営業している。

交通：JR日豊本線霧島神宮駅、バス30分（丸尾）

② 指宿
<small>いぶすき</small>

48万人、46位

塩化物泉

　県南部、薩摩半島南端には、美しい山容の開聞岳（薩摩富士）が聳えている。北東部には直径3〜4 kmのカルデラ湖の池田湖、直径1 kmの火口湖の鰻池、鹿児島湾に面したマールの山川湾などの火山地形がみられる。これらの火山地形を有する指宿市には、460の源泉があり、毎分2万5,000ℓ（全国第6位）の温泉が湧出している。海岸部には指宿、成川、伏目児ヶ水、

長崎鼻、川尻などの塩化物泉の温泉地が分布し、とりわけ温泉宿が集中しているのが指宿温泉である。第2次世界大戦が終わり、平和な時代となって指宿温泉は新婚旅行のメッカともなった。摺ヶ浜と伏目の海岸では、砂浜で人を砂に埋めて温める天然砂むし温泉が営業されている。また、内陸部には単純温泉の鰻温泉がある。地熱開発では、発電量3万kWの山川地熱発電所が1995（平成7）年から稼働している。

交通：JR九州新幹線鹿児島中央駅、JR指宿枕崎線指宿駅1時間10分

③鹿児島（かごしま）　43万人、54位
塩化物泉、単純温泉

　県中央部、桜島を望む鹿児島市街地には約170カ所の源泉があり、60カ所ほどの共同浴場のほとんどが温泉を利用している。温泉湧出量は毎分1万ℓもあり、泉質は無色透明で無臭の塩化物泉や単純温泉である。市内各所に温泉公衆浴場が60軒ほどもあり、地域住民のみならず立ち寄る観光客も多い。高台の城山公園から錦江湾の背後に噴煙を上げる櫻島を眺望でき、近くに幕末の藩主島津斉彬公を祭神とする照国神社、西南戦争で敗れた西郷隆盛像がある。フェリーを利用して、2013（平成15）年に桜島・錦江湾ジオパークに指定された桜島を訪ね、霧島、指宿などの温泉地を周遊すると楽しい。

交通：JR九州新幹線鹿児島中央駅

④隼人・新川渓谷（はやと・しんがわけいこく）（塩浸・日の出・安楽・新川・妙見・日当山）
国民保養温泉地

炭酸水素塩泉、単純温泉

　県中部、霧島山南西の天降川（あもりがわ）の渓谷沿いに、高温の炭酸水素塩泉が湧く妙見温泉をはじめ、塩浸、日の出、安楽、新川、日当山などの温泉地が分布し、1967（昭和42）年に国民保養温泉地に指定された。これらの温泉地は、1934（昭和9）年、日本初の国立公園に指定された3カ所の一つである霧島国立公園の南西麓に点在している。いずれも閑静な環境のもとで、観光客や滞在型の湯治や保養の客を受け入れており、湯治場的雰囲気を色濃く残すこの地域の温泉地は、国民保養温泉地に指定された。

　妙見温泉には、自炊湯治宿や観光温泉旅館もあり、客の多様なニーズに合わせた保養温泉地づくりが進められている。1972（昭和47）年、車で

15分のところに鹿児島空港が開港し、その近くに九州自動車道のインターチェンジもあって、アクセスは大変よい。妙見温泉のある隼人町一帯には、古代人の「熊襲」が住んでいたといわれ、その首領が日本武尊に殺されたという洞穴には、熊襲をモチーフとした抽象画が描かれている。また、8世紀中葉の奈良時代、和気清麻呂がこの地に流されたが、宇佐神宮参詣の途中にイノシシが道案内をしたという伝説があり、和気神社の狛犬は白いイノシシである。その他、温泉地内には木製の「くすしき国の虹のつり橋」、斎藤茂吉の歌碑、犬飼滝など見所も多い。

　妙見温泉には50℃以上の高温泉が多く、湧出量も毎分4,100ℓに及び、その90％が貴重な自噴泉である。泉質は炭酸水素塩泉で鎮静作用が強く、筋肉痛、関節痛、神経痛などによいという。飲泉は慢性消化器病、糖尿病によいとされ、えのき公園には飲泉場がある。1879（明治12）年、島津家の家臣が西南戦争で受けた傷を癒した「キズ湯」を中心にして湯治宿が開かれ、風情あふれる川原の岩風呂、手押しポンプで温泉を汲み上げて五右衛門風呂に入る家族湯など、各旅館の温泉浴場もユニークである。さらに、和気神社の近くには秘湯中の秘湯ともいえる露天の「和気湯」があり、温泉が自噴している様子がよくわかる。

　妙見温泉は温泉資源性が高いだけではなく、杉林で覆われた山里の自然環境や歴史、交通の便、周辺観光地の存在など立地条件に恵まれ、保養客が多く訪れるようになった。2008（平成20）年度の延べ宿泊客数は4万人を数えるが、鹿児島空港、九州自動車道への近接性と霧島国立公園の存在は、北九州と関東の客を多く集めることになり、九州新幹線の開通もあって、発展が期待される。また、宿泊料金も自炊の場合は格安であり、老舗の温泉旅館が自炊可能な別館を新設するなど、客への配慮がうかがえる。妙見温泉観光協会の取り組みとして、すでに入湯手形「湯路」の発行、アユ釣り体験、統一案内板の設置などが実施された。また、塩浸す「塩浸」温泉は、幕末に坂本龍馬が妻のお龍と10日間滞在した日本で初の新婚旅行の地ともいわれ、夫妻の銅像も建っている。

交通：JR日豊本線隼人駅、JR肥薩線霧島温泉駅

⑤**古里**（ふるさと）　塩化物泉

　県中央部、桜島南部にある温泉地で、1779（安永8）年の大噴火によっ

て湯が湧くようになったという。さらに、1914（大正3）年の大噴火によって大隅半島と陸つづきになり、桜島は現在も活発に噴煙を上げている。島内に温泉は少ないが、南麓の溶岩原に湧出する塩化物泉の湧く古里温泉には、林芙美子の『放浪記』文学碑や銅像が設置されている。露天風呂から錦江湾を眺められる。また、龍神露天風呂に南無観世音菩薩の白衣を着て入浴するユニークなホテルもある。

交通：鹿児島港からフェリーで15分

執筆者 / 出典一覧

※参考参照文献は紙面の都合上割愛
しましたので各出典をご覧ください

Ⅰ 歴史の文化編

【遺　跡】	石神裕之　（京都芸術大学歴史遺産学科教授）『47都道府県・遺跡百科』(2018)
【国宝 / 重要文化財】	森本和男　（歴史家）『47都道府県・国宝 / 重要文化財百科』(2018)
【城　郭】	西ヶ谷恭弘　（日本城郭史学会代表）『47都道府県・城郭百科』(2022)
【戦国大名】	森岡浩　（姓氏研究家）『47都道府県・戦国大名百科』(2023)
【名門 / 名家】	森岡浩　（姓氏研究家）『47都道府県・名門 / 名家百科』(2020)
【博物館】	草刈清人　（ミュージアム・フリーター）・可児光生　（美濃加茂市民ミュージアム館長）・坂本昇　（伊丹市昆虫館館長）・髙田浩二　（元海の中道海洋生態科学館館長）『47都道府県・博物館百科』(2022)
【名　字】	森岡浩　（姓氏研究家）『47都道府県・名字百科』(2019)

Ⅱ 食の文化編

【米 / 雑穀】	井上繁　（日本経済新聞社社友）『47都道府県・米 / 雑穀百科』(2017)
【こなもの】	成瀬宇平　（鎌倉女子大学名誉教授）『47都道府県・こなもの食文化百科』(2012)
【くだもの】	井上繁　（日本経済新聞社社友）『47都道府県・くだもの百科』(2017)
【魚　食】	成瀬宇平　（鎌倉女子大学名誉教授）『47都道府県・魚食文化百科』(2011)
【肉　食】	成瀬宇平　（鎌倉女子大学名誉教授）・横山次郎　（日本農産工業株式会社）『47都道府県・肉食文化百科』(2015)
【地　鶏】	成瀬宇平　（鎌倉女子大学名誉教授）・横山次郎　（日本農産工業株式会社）『47都道府県・地鶏百科』(2014)
【汁　物】	野﨑洋光　（元「分とく山」総料理長）・成瀬宇平　（鎌倉女子大学名誉教授）『47都道府県・汁物百科』(2015)
【伝統調味料】	成瀬宇平　（鎌倉女子大学名誉教授）『47都道府県・伝統調味料百科』(2013)
【発　酵】	北本勝ひこ　（日本薬科大学特任教授）『47都道府県・発酵文化百科』(2021)

【和菓子 / 郷土菓子】　亀井千歩子　（日本地域文化研究所代表）『47都道府県・和菓子 / 郷土菓子百科』(2016)

【乾物 / 干物】　星名桂治　（日本かんぶつ協会シニアアドバイザー）『47都道府県・乾物 / 干物百科』(2017)

Ⅲ　営みの文化編

【伝統行事】　神崎宣武　（民俗学者）『47都道府県・伝統行事百科』(2012)

【寺社信仰】　中山和久　（人間総合科学大学人間科学部教授）『47都道府県・寺社信仰百科』(2017)

【伝統工芸】　関根由子・指田京子・佐々木千雅子　（和くらし・くらぶ）『47都道府県・伝統工芸百科』(2021)

【民　話】　田畑千秋　（大分大学名誉教授）/ 花部英雄・小堀光夫編『47都道府県・民話百科』(2019)

【妖怪伝承】　川野和昭　（京都府立大学非常勤講師）/ 飯倉義之・香川雅信編、常光 徹・小松和彦監修『47都道府県・妖怪伝承百科』(2017) イラスト© 東雲騎人

【高校野球】　森岡 浩　（姓氏研究家）『47都道府県・高校野球百科』(2021)

【やきもの】　神崎宣武　（民俗学者）『47都道府県・やきもの百科』(2021)

Ⅳ　風景の文化編

【地名由来】　谷川彰英　（筑波大学名誉教授）『47都道府県・地名由来百科』(2015)

【商店街】　中山穂孝　（就実大学人文科学部講師）/ 正木久仁・杉山伸一編著『47都道府県・商店街百科』(2019)

【花風景】　西田正憲　（奈良県立大学名誉教授）・上杉哲郎　（㈱日比谷アメニス取締役・環境緑花研究室長）・佐山 浩　（関西学院大学総合政策学部教授）・渋谷晃太郎　（岩手県立大学総合政策学部教授）・水谷知生　（奈良県立大学地域創造学部教授）『47都道府県・花風景百科』(2019)

【公園 / 庭園】　西田正憲　（奈良県立大学名誉教授）・飛田範夫　（庭園史研究家）・黒田乃生　（筑波大学芸術系教授）・井原 縁　（奈良県立大学地域創造学部教授）『47都道府県・公園 / 庭園百科』(2017)

【温　泉】　山村順次　（元城西国際大学観光学部教授）『47都道府県・温泉百科』(2015)

索　引

47都道府県ご当地文化百科・鹿児島県

令和6年11月30日　発　行

編　者　　丸　善　出　版

発行者　　池　田　和　博

発行所　　丸善出版株式会社
〒101-0051 東京都千代田区神田神保町二丁目17番
編集：電話 (03) 3512-3264／FAX (03) 3512-3272
営業：電話 (03) 3512-3256／FAX (03) 3512-3270
https://www.maruzen-publishing.co.jp

組版印刷・富士美術印刷株式会社／製本・株式会社 松岳社

ISBN 978-4-621-30969-8　C 0525　　　　　　Printed in Japan